Loyauté et deloyauté

DAG HEWARD-MILLS

Parchment House

Sauf indication contraire, toutes les citations bibliques sont tirées de la
version Louis Segond de la Bible (1910).

Copyright © 2005 Dag Heward-Mills

Titre original : *Loyalty and Disloyalty*
Publié pour la première fois en 1998

Version française publié pour la première fois en 2005
Deuxième édition publié en 2009 par :
Lux Verbi.BM (Pty) Ltd.

Huitième impression en 2016 par :
Parchment House

Traduit par : Arlette Mbarga

Pour savoir plus sur Dag Heward-Mills
Campagne Jésus qui guérit
Écrivez à : evangelist@daghewardmills.org
Site web : www.daghewardmills.org
Facebook : Dag Heward-Mills
Twitter : @EvangelistDag

Dédicace
Au *Réverénd E.A.T. Sackey,* mon ami et mon associé dans le ministère.
Merci pour de nombreuses années de fidélité et de loyauté.

ISBN: 978-9988-8504-8-7

Table des Matières

Chapitre 1

Pourquoi la loyauté ?

Pourquoi « Loyauté et Déloyauté » ? Je suis convaincu que le Seigneur a voulu que ce sujet pratique me tienne à cœur pour plusieurs raisons. Tout d'abord, je me suis rendu compte de sa pertinence dans la parole de Dieu. Les Saintes écritures regorgent de récits sur des personnes fidèles et perfides. Beaucoup de leçons peuvent être tirées de ces récits bibliques.

Ensuite, les quelques années que j'ai passées dans le ministère m'ont sensibilisé à la loyauté ou la déloyauté des gens. J'ai réalisé l'effet que cela pouvait avoir sur l'église ou le ministère. *Dans les pages qui vont suivre, je vais exposer les raisons pour lesquelles il est si important que le sujet de la loyauté soit abordé.*

Raison n°1

La loyauté est la qualité première que doit posséder un ministre

Quelqu'un d'inexpérimenté aurait tendance à penser que plus on est doué, plus on est apte au ministère. Le peu d'expérience que j'ai m'a appris que ce sont les personnes fidèles et loyales qui sont le plus qualifiées pour diriger.

Amical et tape-à-l'œil

Quelqu'un d'inexpérimenté pourrait penser qu'un frère amical ferait un bon pasteur. Il pourrait aussi penser qu'une personne dotée de talents d'orateur ferait le meilleur des prédicateurs. Détrompez-vous. La Bible nous enseigne que la qualité principale d'un dirigeant est la fidélité, et rien d'autre.

...Du reste, ce qu'on demande des dispensateurs, c'est que chacun soit trouvé fidèle.

1 Corinthiens 4 : 2

Je suis entouré de pasteurs merveilleux qui travaillent avec moi. Beaucoup d'entre eux ne sont ni exagérément amicaux, ni très tape-à-l'œil, ni particulièrement doués. Mais le temps a montré qu'ils sont les meilleurs cadeaux que Dieu ait faits à son église et à moi.

Raison n°2

La cinquième colonne

À mes débuts dans le ministère, je me suis très vite rendu compte que le diable était passé maître dans l'art de détruire l'église de l'intérieur. Si vous êtes un bon pasteur, si vous avez été appelé et faites ce qui est juste, le diable aura très peu d'occasions de vous attaquer de l'extérieur. Comme l'a dit Jésus :

...car le prince du monde vient. Il n'a rien en moi...

Jean 14 : 30

Vous réaliserez que Satan n'a pas souvent l'occasion de lancer des attaques mortelles contre vous de l'extérieur. Jésus disait que même si l'ennemi le poursuivait, il n'avait aucun moyen de le détruire. Beaucoup de prédicateurs oints sont dans ce cas. Etant donné que Satan n'a aucun moyen de les vaincre, il est obligé d'utiliser quelqu'un de l'intérieur. Dans le cas de Jésus, c'est un traître (Judas) que Satan a utilisé.

Je me souviens avoir lu l'histoire d'un général qui avait encerclé une grande ville dans le but de la conquérir. Cette ville était hautement fortifiée par un mur et un portail immenses et imposants. Le général avait encerclé la ville, prêt à attaquer.

Un des amis du général s'approcha de lui en disant : « Monsieur, comment comptez-vous venir à bout des défenses de cette ville ? Jusqu'à présent, personne n'a réussi à s'emparer de cette grande ville. »

Le général sourit et dit : « C'est ma cinquième colonne. Je compte sur elle pour arriver à mes fins. »

Très intrigué, l'ami du général demanda : « C'est quoi cette 5ème colonne ? Je croyais que vous n'en aviez que quatre. »

Et le général de répondre : « J'ai une 5ème colonne. »

« Oh, je vois. S'agit-il d'une unité de commando spéciale ou de troupes aéroportées ? » demanda l'homme.

J'attaquerai de l'intérieur

Le général se mit à rire : « Non, ce n'est rien de tout cela. Ma 5ème colonne, ce sont mes espions, agents, amis et supporters qui sont déjà à l'intérieur de la ville. Attendez et vous verrez. Ils ouvriront ces immenses portails de l'intérieur et mes troupes s'y précipiteront. »

C'est la seule manière dont l'ennemi peut détruire un ministère puissant qui marche et fait ce qui est juste. Cela ne peut venir que de l'intérieur. La 5ème colonne se compose des personnes déloyales, à deux visages, doubles et mécontentes, présentes dans tout ministère. Si l'occasion leur est donnée de causer des dégâts, elles le feront comme elles savent bien le faire, elles détruiront l'église.

J'avais un associé déloyal

Il y a quelques années, lorsque j'ai débuté dans le ministère, j'ai goûté aux désagréments de la déloyauté d'un associé. Bien qu'officiellement cette personne fût mon bras droit, elle ne croyait pas en moi et murmurait constamment contre moi.

Sa maison était le lieu de rencontre de toutes les personnes mécontentes de l'église. Chaque fois qu'elles se réunissaient, elles parlaient de moi. Tantôt elles critiquaient ma façon de prêcher, tantôt c'était le fait que je boive de l'eau au milieu de mes sermons. D'autres trouvaient que je n'étais pas assez sympathique. Mais le Seigneur me révéla toutes ces choses. Je priai à ce sujet et je demandai au Seigneur ce que je devais faire.

Le Seigneur me dit : « Débarrasse-toi de cet homme. » Je dis : « Seigneur, cela signifie-t-il qu'il doit quitter l'église ? »

Et le Seigneur répondit : « C'est exactement ça. » Renvoie-le, autrement, tu n'auras jamais la paix et ton église ne grandira jamais. »

Je réunis alors les anciens d'église. Au cours de cette réunion, je dis : « J'ai constaté que je n'ai pas le soutien de Frère X. Il fait sans cesse des critiques acerbes. »

Au Frère X, je dis : « Je sais que tu ne crois plus en mes capacités de dirigeant. C'est moi qui t'ai formé. C'est moi qui t'ai élevé. Et aujourd'hui, tu es trop grand pour rester sous mon autorité. »

Je lui demandai : « A ton avis, que devons-nous faire ? »

Le frère X répondit : « Essayons d'arranger les choses. »

Mais le verset que le Seigneur m'avait indiqué me revint à l'esprit :

Chasse le moqueur, et la querelle prendra fin; Les disputes et les outrages cesseront.

Proverbes 22 :10

Je pointai le doigt en direction de mon assistant et je dis : « Tu sais aussi bien que moi que ça ne marchera pas. Tu ne crois plus en moi. »

J'ajoutai : « À partir d'aujourd'hui, je te décharge de toutes tes responsabilités dans cette église. »

Il s'exclama : « Quoi ? » Puis il dit : « Je continuerai à venir à l'église, même si je n'ai plus certaines responsabilités. »

Tu dois quitter cette église sur le champ !

Mais je lui dis : « Non, tu dois t'en aller ! Tu n'es plus des nôtres. Ta présence dans cette église ne peut qu'être néfaste. » Croyez-moi, ce n'était pas chose facile que de chasser un ami et associé de longue date. Mais je devais le faire. La Bible nous dit que lorsqu'Abraham fut en conflit avec Lot, il l'envoya ailleurs ! Abraham dit : « Si nous nous séparons, la paix régnera et l'œuvre de Dieu pourra se poursuivre. »

Une personne déloyale provoque la discorde, la haine, les murmures. Ces sentiments déloyaux sont semblables à de la fumée qui envahit une maison. La seule manière de s'en débarrasser, c'est d'éteindre le feu.

Si on veut avoir une grande église, il faut travailler dans l'amour et l'unité. Si on ne peut pas être unis, il vaut mieux arrêter de faire semblant. Voyez-vous, j'encourage les gens à quitter mon église s'ils ne sont pas avec moi.

...Celui qui n'est pas avec moi est contre moi...
Matthieu 12 : 30

S'il faut que je vous supplie de partir, je le ferai. Je suis sérieux. S'il faut même que je vous paye un billet de transport et des amuse-gueule pour le voyage, je le ferai !

Tout cela, afin que ceux d'entre nous qui s'aiment et ont confiance les uns aux autres puissent rester ensemble et continuer de travailler.

Débarrassez-vous des imposteurs

Je ne sais pas faire semblant. Je ne sais tout simplement pas le faire. Mais l'église est remplie de sournois. Ils font semblant de vous aimer et de vous soutenir, mais au fond, ils vous méprisent.

Raison n°3

Afin que l'amour de Dieu remplisse l'église

Le ministère est censé fonctionner grâce à l'amour, l'unité et le travail d'équipe.

À ceci tous connaîtront que vous êtes mes disciples, si vous avez de l'amour les uns pour les autres.

Jean 13 : 35

Si vous voulez être un dirigeant efficace, vous devez manifester l'amour dont Jésus a parlé. Les gens sont attirés par l'amour. Quand ils voient des dirigeants qui s'entendent et s'aiment réellement, ils sont attirés. N'oubliez jamais que vos paroissiens ne sont pas aveugles. Il ne sont pas sourds non plus. Ils sentent la désunion et la discorde là où elles existent.

Les brebis ne s'abreuvent que dans des eaux paisibles

Chaque pasteur doit avoir à l'esprit qu'une brebis ne s'abreuve que dans des eaux paisibles. Si l'eau est trouble ou agitée, la brebis ne s'en approchera pas. En effet, rien ne dit que cette eau n'abrite pas un crocodile !

... Il me dirige près des eaux paisibles.

Psaume 23 : 2

Quand il y a de la perfidie et de la méfiance, vos paroissiens prennent peur et se mettent sur leurs gardes. Ils se tiennent alors à l'écart.

Raison n°4

Avoir une grande et efficace équipe ministérielle

Un seul homme ne peut pas faire beaucoup. Un pasteur ne peut être qu'à un seul endroit à la fois. Il ne peut prendre soin des brebis que dans la mesure où ses forces (limitées) le lui permettent.

C'est pourquoi, quiconque veut étendre son ministère et porter du fruit doit apprendre à travailler avec un grand nombre de personnes. Ce sont ces personnes qui constituent l'équipe dont je parle. **Cela dit, il vaut mieux travailler seul qu'avec une équipe de personnes déloyales, contrariées, désunies et dissidentes.** En fait, il est impossible de former une équipe efficace avec de telles personnes. Je suis convaincu que c'est uniquement grâce à l'équipe qui m'entoure que j'ai pu faire tout ce que j'ai fait.

Raison n° 5

Avoir une méga église

Au moment où j'écris, il existe des églises Lighthouse à travers le monde : Ghana, Afrique du Sud, New York, Suisse, pour ne citer que celles-là. Ces églises font partie d'un réseau loyal envers le siège de l'église au Ghana. Les gens me demandent souvent : « Comment faites-vous pour faire marcher des églises qui se trouvent à différents endroits ? Quel sorte de contrôle exercez-vous ? »

Vous savez, une grande partie du système repose sur la loyauté. Les églises sont dirigées par des pasteurs loyaux envers le Seigneur, envers moi et envers la vision de Lighthouse.

À défaut de loyauté, tout réseau ou dénomination subit une désintégration constante. Il ou elle se divise souvent en groupuscules ou sous-églises de petite taille.

Leur église s'est désintégrée

Je me souviens d'une branche d'église qui s'était désintégrée à cause de la désunion. Des graines de déloyauté de longue date étaient apparues peu après une récolte de fonds organisée dans cette branche. Suite à ce désaccord, le pasteur décida de démissionner et de créer sa propre église. Il était tellement en colère qu'il rendit tout l'argent qu'il avait recueilli. Bien entendu, les paroissiens étaient très surpris que l'argent qu'ils avaient donné à l'église leur soit rendu. Ce pasteur fit circuler de très mauvaises rumeurs sur cette dénomination et ses pasteurs principaux. Naturellement, l'église se désintégra quasiment, suite aux agissements de ce pasteur.

Cher ami, je peux vous donner plusieurs exemples d'églises (en particulier les branches d'églises situées dans les grandes villes) qui se divisent et se désintègrent constamment. Ce dont je suis sûr, **c'est qu'à défaut de pasteurs loyaux ayant des principes, le ministère de notre Seigneur sera toujours limité.**

Raison n°6

Avoir un ministère qui dure

Un individu ne peut exercer le ministère de manière efficace que pendant quelques années. Jésus n'a exercé que pendant trois ans et demi, mais c'est grâce à une équipe loyale que son ministère et son influence se sont étendus. Notez que le ministère de Jésus s'est étendu à travers le monde entier et a quasiment deux mille ans d'existence.

Si je devais mourir aujourd'hui, la Lighthouse Chapel continuerait d'exister ! Cela ne dépend pas de moi. Je n'ai pas bâti mon église autour de ma personne. L'église continuera d'exister. Aucun de nous n'est irremplaçable. Dieu peut se passer de nous. C'est pourquoi nous devons constituer une équipe de successeurs loyaux.

Raison n° 7

Pour avoir la totalité de notre récompense

Ce sont les personnes fidèles et loyales qui sont récompensées par la réussite. Nous espérons tous entendre ces fameux mots un jour : c'est bien, bon et fidèle serviteur. Ceux qui sont auprès de vous dans les moments difficiles sont différents de ceux qui ne sont là que lorsque tout va bien.

C'est bien !

Jésus lui-même a dit aux douze disciples qu'ils seront traités différemment des autres ministres. Ils auront un royaume spécial et leurs noms seront gravés sur les fondements de la nouvelle Jérusalem.

La muraille de la ville avait douze fondements, et sur eux les douze noms des douze apôtres de l'agneau.
Apocalypse 21 : 14

Même les grands hommes de Dieu d'aujourd'hui ne recevront pas cette récompense spéciale. Jésus a expliqué la raison de cette récompense spéciale : ils lui ont été fidèles dans les moments les plus difficiles de son ministère.

Vous, vous êtes ceux qui avez persévéré avec moi dans mes épreuves...je dispose du royaume en votre faveur...
Luc 22 : 28-29

Voyez-vous, c'est surtout dans les moments difficiles que l'on apprécie la loyauté. Quand tout va bien, tout le monde paraît loyal.

Très peu m'ont soutenu

Je suis très reconnaissant envers les pasteurs qui m'ont soutenu au cours de mon ministère. Ils m'ont vu m'élever et m'ont soutenu, même dans mes erreurs. Pour moi, ils sont différents des autres. Comme Jésus l'a dit, ils ont une récompense spéciale !

Chapitre 2

Les étapes
de la déloyauté

Devenir déloyal est un processus

On ne devient pas déloyal du jour au lendemain. Devenir déloyal est un processus ! Beaucoup de personnes ne se rendent pas compte qu'elles sont en train de devenir déloyales. Beaucoup de dirigeants ne se rendent même pas compte de la déloyauté de leurs associés. Dans ce chapitre, je vais évoquer les étapes par lesquelles passe une personne qui se transforme progressivement en rebelle.

Apprenez à détecter la déloyauté

Il y a deux raisons pour lesquelles vous devez connaître les étapes de la déloyauté. Premièrement, cela vous aidera à détecter et à éliminer toute tendance de ce type en vous. **Deuxièmement, cela vous aidera à détecter la déloyauté chez toute personne avec qui vous travaillez.**

Cela est valable pour le ministère, de même que les affaires, en particulier dans les petites entreprises.

Le Seigneur m'a indiqué huit étapes importantes par lesquelles passe une personne qui devient déloyale. La première consiste à avoir un esprit indépendant.

1ère étape

Un esprit indépendent

Cette étape est si subtile que la plupart des gens ne la reconnaissent pas pour ce qu'elle est vraiment : de la déloyauté. Quand une personne qui fait partie d'un groupe, d'un ministère ou d'une entreprise commence à avoir une attitude d'indépendance, elle devient en quelque sorte autonome à l'intérieur du groupe. Elle ne se soumet plus aux règles de l'organisation. Une telle personne reste membre de l'église mais n'en fait qu'à sa tête, malgré des instructions contraires.

Par exemple, le pasteur peut dire : « Nous jeûnerons tous les vendredi. » Mais une personne indépendante pensera « J'ai déjà décidé de jeûner mercredi. Alors, c'est ce que je ferai. »

Surveillez les personnes indépendantes

Pasteurs, surveillez les diacres et les responsables à l'esprit indépendant. Il peut arriver que vous convoquiez plusieurs réunions. Une personne indépendante peut alors décider de n'assister qu'à celles qui lui paraissent importantes. Une telle personne n'obéit qu'à certaines instructions, celles qu'elle estime être vraiment importantes.

Parce que le Ghana est indépendant des États-Unis, chaque fois qu'un jour est férié aux États-Unis, cela n'a aucune incidence sur le Ghana. Le Ghana et les États-Unis d'Amérique sont deux pays faisant partie du même monde, mais indépendants l'un de l'autre. Quand le Ghana déclare un jour férié, les États-Unis n'en tiennent pas compte parce qu'ils sont indépendants du Ghana.

Si vous avez le malheur d'avoir des choristes indépendants, vous risquez d'expérimenter ce genre de choses. Vous programmerez des réunions de prière, des répétitions et des évangélisations, mais le choriste indépendant décidera : « Je crois que je n'assisterai qu'aux répétitions. » Une fois de plus, cette personne ne fait que ce qui, selon elle, doit être fait.

Il n y a rien de mauvais à être indépendant. Je crois en l'indépendance et je remercie Dieu pour les personnes indépendantes. **Mais si vous faites partie d'une église, d'un groupe ou d'une entreprise, vous n'êtes pas indépendant.**

Dès l'instant où vous commencez à manifester un esprit d'indépendance dans une organisation, sachez que vous êtes en train de devenir déloyal.

J'avais un esprit indépendant

Il y a quelques années, je faisais partie d'un groupe qui comptait plusieurs branches à travers le pays. J'avais même créé une branche. Mais plus le temps passait, plus j'avais des difficultés avec le siège de ce groupe.

À cette époque, je me disais que mes supérieurs qui se trouvaient au siège faisaient fausse route, spirituellement parlant. Voyez-vous, le groupe que je dirigeais grandissait. Beaucoup d'âmes étaient sauvées chaque semaine.

Il arrivait que l'ensemble des dirigeants de l'organisation convoquent des réunions au siège. Ils voulaient que tout le groupe se rencontre en ville. Mais jamais je ne m'y suis rendu. Je n'ai jamais encouragé mes membres à y aller non plus.

Je me disais : « ces réunions ne sont pas importantes. C'est ce que je fais au campus qui est important. Je gagne des âmes. »

J'avais tort

J'avais tort. J'avais un esprit indépendant et je ne le savais même pas. Les responsables trouvaient que je dirigeais bien ma petite branche. Mais ils ne pouvaient pas me contrôler au sein de l'organisation. À cette époque-là, j'attribuais ce conflit au manque de vision de mes supérieurs.

Là où je veux en venir, c'est que **si vous faites partie d'une organisation, vous n'êtes pas indépendant de celle-ci. Par conséquent, vous ne pouvez pas simplement décider de faire ce que vous pensez être juste.** Vous devez vous conformer aux directives. Si vous sentez que vous voulez être indépendant, vous devez démissionner.

Pasteur Joab : le meurtrier indépendant

La Bible parle-t-elle de personnes indépendantes ? La réponse est oui. Dans le deuxième livre de Samuel, Joab apparaît comme quelqu'un qui faisait ce qu'il avait envie de faire. Il faisait partie de l'armée de David. Si vous voulez, il faisait partie de l'équipe ministérielle de David. C'était un des responsables qui travaillait avec David ! On pouvait dire de lui qu'il était le premier ministre ou le bras droit de David. Il était très puissant, mais avait un esprit indépendant. Cet esprit indépendant se manifesta à diverses occasions.

La première fois, ce fut lors du meurtre d'Abner.

Abner était commandant en chef d'une autre section de l'armée d'Israël. David, en sa qualité de chef du gouvernement, décida de faire la paix avec Abner, après des années de conflit. Le roi organisa même des réjouissances à l'occasion de cet accord de paix et festoya avec lui.

> **Et David fit un festin à Abner…David renvoya Abner, qui s'en alla en paix.**
>
> **2 Samuel 3 : 20-21**

Mais lorsque Joab entendit que cet homme avait été reçu au palais, il devint furieux. Il alla à sa poursuite, le tira à l'écart, comme pour lui parler en secret. Mais Joab le piégea et le tua.

> **Et Joab,…envoya sur les traces d'Abner des messagers, qui le ramenèrent… Joab le tira à l'écart… comme pour lui parler en secret, …et il …le tua…**
>
> **2 Samuel 3 : 26-27**

Alors que le roi avait opté pour la paix, son bras droit décida de faire autre chose. Il était censé se soumettre à la volonté du roi, mais mit en place son propre plan. De telles personnes sont dangereuses. **Joab aurait pu plonger toute une nation dans la guerre à cause de ses actions indépendantes.**

Il y a des gens comme cela à l'église. Le fondateur ou le pasteur principal est souvent celui qui a la vision. Il ouvre la marche parce qu'il est le chef.

Tous les pasteurs et les responsables associés de l'église sont censés se soumettre à sa vision. Un « pasteur Joab » indépendant n'apportera que confusion et discorde dans l'église. Faites attention à ces personnes, car elles ne sont pas loin de la rébellion ouverte.

Le second incident sur lequel j'aimerais attirer votre attention, c'est la manière dont Joab se comporta lors du coup d'état d'Absalom.

Une fois de plus, le révérend Joab agit de façon indépendante

En fait, Absalom s'était rebellé et avait évincé son père David du trône. Absalom était à présent au pouvoir et David se trouvait dans une situation délicate, car il devait combattre son propre fils.

Compte tenu de ces circonstances exceptionnelles, David donna des instructions précises à l'armée, demandant que la vie de son fils Absalom soit épargnée.

Le roi donna cet ordre à Joab,...doucement avec ... Absalom !

2 Samuel 18 : 5

Heureusement, la bataille tourna à l'avantage du roi David et Absalom dut prendre la fuite. Quelqu'un alla raconter qu'il avait vu Absalom suspendu par les cheveux à un arbre. Immédiatement, Joab s'écria : « Pourquoi ne l'avez-vous pas tué ? Je vous aurais grandement récompensé. »

Mais l'homme dit :

...Quand je pèserais dans ma main mille sicles d'argent, je ne mettrais pas la main sur le fils du roi; car nous avons entendu cet ordre que le roi t'a donné,... Prenez garde chacun au jeune Absalom !

2 Samuel 18 : 12

Cet homme dont on ne dit pas le nom faisait partie du camp de David et était visiblement loyal envers lui. Mais voilà qu'arriva un homme à l'esprit indépendant et voyez ce qu'il fit.

Les personnes indépendantes n'en font qu'à leur tête

...Et il (Joab) prit...trois javelots, et les enfonça dans le cœur d'Absalom...

2 Samuel 18 : 14

Les personnes indépendantes font ce qu'elles ont envie de faire, en dépit d'ordres venus d'en haut.

Curieusement, les personnes indépendantes ne s'en vont pas

Notez que Joab n'a jamais vraiment quitté le camp de David. De telles personnes n'ont pas l'intention de partir. Elles restent proches de vous tout en faisant ce que bon leur semble ! C'est cela un esprit indépendant et c'est une forme de déloyauté.

Je remarque toujours les personnes indépendantes présentes parmi les fidèles. Certaines font partie des dirigeants, mais parce qu'elles sont indépendantes de moi et de ma vision, je ne peux pas travailler avec elles.

Il était spirituel, mais indépendant

Un jour, j'ai demandé à un paroissien indépendant en qui je voyais un dirigeant potentiel de s'inscrire à notre école biblique. Comme toute personne indépendante, il m'a dit : « Je suis dans cette église depuis qu'elle a été créée il y a quelques années. J'ai suivi tous vos messages. »

Il a continué en disant : « Pasteur, que vais-je apprendre de plus dans cette école ? » Et cela ne s'est pas arrêté là. Il ne s'est pas inscrit à l'école.

À une autre occasion, je lui ai demandé de diriger un des groupes de partage de l'église. Il m'a répondu : « Pasteur, j'ai déjà un groupe de prière chez moi. »

Je lui ai demandé : « Qui sont les membres de ce groupe ? Sont-ils membres de l'église ? Est-ce que tu considères ce groupe comme faisant partie de l'église ? »

« Oh non ! » répondit-il. « Ce sont mes convertis à moi. »

Ce frère ne pouvait pas diriger une cellule de l'église parce qu'il était en train de créer son propre groupe de partage. Il n'avait aucune intention de quitter l'église. Il faisait partie de l'église mais était indépendant de tout ce qui se passait autour de lui.

Joab, dirigeant d'une branche, menace de prendre le contrôle

Un autre exemple de l'indépendance de Joab, c'est lorsqu'il combattit la ville royale de Rabbah aux côtés du roi David. Alors qu'ils étaient sur le point de gagner, il envoya un message d'avertissement : « Tu ferais mieux de venir participer à la guerre, sinon c'est à moi que reviendra la gloire. »

...rassemble maintenant le reste du peuple, campe contre la ville, et prends-la,...

2 Samuel 12 : 28

Il voulait que David vienne en personne ! En d'autres termes, il disait : je suis assez bête pour faire tout le travail pendant que toi tu reçois toute la gloire. Comme on dit au Ghana « Les singes travaillent pendant que les babouins bouffent. » (Autrement dit, les singes font tout le travail et ce sont les babouins qui en récoltent les fruits.)

Le pasteur menace de changer le nom de l'église

Joab continua de menacer le roi en disant que si ce dernier ne venait pas combattre comme il le lui demandait, la ville porterait son nom à lui, et non celui de David.

...de peur que je ne la prenne moi-même et que la gloire ne m'en soit attribuée.

2 Samuel 12 : 28

Comment peut-on envoyer un message pareil : « Dépêche-toi de venir, sinon je changerai le nom de l'église. » Un tel pasteur peut s'emparer d'une branche de l'église et lui donner un autre nom. Une telle personne peut faire d'un groupe de partage sa propre église. C'est la raison pour laquelle certains pasteurs ne croient pas aux groupes de partage et aux branches. Ils craignent d'avoir des Joabs pour dirigeants.

La dernière manifestation de l'esprit indépendant de Joab apparaît à la fin de la vie du roi. David avait clairement dit qu'il voulait Salomon pour successeur.

Le pasteur indépendant aide le camp adverse

Il y avait un autre fils nommé Adonija qui voulait être roi à la place de Salomon. Pour cela, il avait besoin de l'aide de personnes perfides. Une fois de plus Joab, qui savait quels étaient les vœux de David, alla contre sa volonté et aida Adonija.

Adonija, ...se laissa emporter par l'orgueil jusqu'à dire : C'est moi qui serai roi !... Il (Adonija) eut un entretien avec Joab, ...et ils embrassèrent son parti.

1 Rois 1 : 5-7

2ème étape

L'offense

La seconde étape de la déloyauté est l'offense. Jésus a dit :

Alors aussi plusieurs SUCCOMBERONT, et ILS SE TRAHIRONT, SE HAÏRONT les uns les autres.

Matthieu 24 : 10

Ce verset montre que quand les gens sont offensés, ils commencent à se haïr les uns les autres. La Bible dit que quand vos amis se sentent offensés, ils vous trahissent. **Je me suis toujours méfié des personnes blessées, car je sais qu'elles peuvent se retourner contre moi. L'esprit de l'offense ouvre la porte à l'esprit de la trahison.**

Quelqu'un est-il blessé ?

Chers dirigeants, regardez autour de vous et observez ceux qui ont été blessés par un événement ou un autre. Si ces personnes n'ont pas pansé leurs blessures, écoutez la voix de l'esprit dès aujourd'hui. Ce sont des séparatistes potentiels et ils peuvent facilement devenir vos ennemis.

Je suis persuadé qu'Absalom avait été gravement blessé par deux événements. Tout d'abord, le viol de sa sœur par son demi-frère. Il avait probablement décidé de tuer son frère depuis le jour où c'était arrivé.

Ensuite, son père le roi David n'avait pas réagi comme il fallait au viol de Tamar par Amnon. La Bible dit que le roi David était furieux contre Amnon. Mais il avait le devoir de faire plus que cela. S'il avait fait son devoir, il aurait appliqué la loi établie par Moïse.

Si un homme prend sa sœur, fille de son père…, s'il voit sa nudité…, c'est une infamie; ils seront retranchés…
Lévitique 20 : 17

À cette époque-là, le salaire de l'inceste était la mort. Mais David n'a pas appliqué la loi. N'oubliez jamais ceci : les blessures et les offenses mènent les gens sur le chemin de la déloyauté.

3ème étape

La passivité

Une fois qu'ils ont été offensés par telle ou telle chose, les gens deviennent passifs.

Quand quelqu'un atteint le stade de la passivité dans le processus de la déloyauté, il ne participe plus à grand-chose. Il reste assis sans rien faire et se contente d'observer d'un air indifférent.

Pasteurs, faites attention aux personnes indifférentes présentes dans l'assemblée. Ce sont des déserteurs potentiels.

Faites attention aux paroissiens qui ne participent à rien

Par exemple, je considère qu'un paroissien est passif lorsqu'il ne prend pas part ni aux rencontres de prière, ni aux activités en petits groupes.

Si tous les hommes d'affaire sont convoqués à une réunion, ce paroissien est susceptible de ne pas s'y rendre, bien qu'étant lui-même homme d'affaire. Une telle personne a probablement été blessée il n'y a pas très longtemps. Elle dit des choses du genre : « Je ne veux plus avoir de problèmes dans cette église. Je ferais mieux de rester dans mon coin. »

Maudit soit celui qui fait avec négligence l'œuvre de l'Eternel, maudit soit celui qui ÉLOIGNE son épée du carnage !

Jérémie 48 : 10

Ce passage montre que Dieu attend de vous que vous participiez lorsque vous avez quelque chose à apporter. Ce verset nous enseigne que c'est une malédiction de rester passif alors que vous avez quelque chose à apporter.

La passivité est dangereuse parce qu'elle mène très vite à l'étape critique de la déloyauté. **Pour faire des critiques, il faut être passif. Pour pouvoir étudier de près et mépriser l'église et ses dirigeants, il faut avoir du temps.** Ne savez-vous pas qu'une personne passive voit plus facilement ce qui cloche autour d'elle ?

Comme on dit, seul un passant peut voir que le fossé qu'est en train de creuser l'ouvrier n'est pas droit. Tout dirigeant doit être attentif à cet important signe de passivité chez ses ouvriers. Si un responsable ne s'investit pas, c'est qu'il a une raison de ne pas le faire.

Pourquoi était-il si calme ?

Rappelez-vous l'histoire d'Absalom, qui passa par ce stade de la passivité. Amnon avait violé et déshonoré sa sœur, Tamar. Bien qu'étant à n'en pas douter furieux contre son frère, Absalom ne dit rien pendant deux années entières. C'est cela la passivité ! Ne rien faire et ne rien dire ! Je n'ignore pas les personnes détachées et silencieuses qui n'ont rien à dire ou à apporter.

Absalom ne parla ni en bien ni en mal avec Amnon...
2 Samuel 13 : 22

Mais notez que par la suite, cette personne indifférente (Absalom) devint rapidement un meurtrier, quelqu'un qui tergiversait à la moindre occasion.

Absalom donna cet ordre à ses serviteurs...quand le cœur d'Amnon sera égayé par le vin ...Alors tuez-le...
2 Samuel 13 : 28

Êtes-vous heureux ?

Quand je dis être calme, je ne parle pas de quelqu'un de nature réservée. Je parle d'une personne normalement extravertie qui adopte consciemment une attitude réservée et détachée.

J'ai l'habitude de demander aux personnes qui m'entourent si elles sont heureuses. J'ai envie que tous ceux qui m'entourent soient heureux. Cela m'inquiète lorsque quelqu'un est plus calme et tranquille que d'habitude. Tout dirigeant digne de ce nom doit s'assurer que ceux qui l'entourent se sentent en sécurité et sont heureux. **Si le roi David avait remarqué l'attitude nonchalante d'Absalom, il aurait probablement pu empêcher son fils de devenir un anarchiste invétéré.**

4ème étape

La critique

Une personne déloyale ne reste pas éternellement passive, elle évolue vers l'étape suivante, la critique. C'est l'étape qui consiste à remarquer et à amplifier les erreurs. À l'église, elle trouve des choses à redire sur la prédication et sur le programme du culte. Elle examine le bâtiment et note tout ce qui y manque.

Marie commençait à critiquer Moïse. Elle l'avait suivi en tant que dirigeant sur le chemin de la sortie d'Égypte, mais voyait maintenant ses fautes et son caractère d'homme. Et elle parla de ses problèmes conjugaux.

Marie et Aaron parlèrent contre Moïse...

Nombres 12 : 1

Je me souviens qu'au tout début de mon ministère, l'esprit de la déloyauté s'introduisit dans mon église. Nombre de mes paroissiens se mirent à faire des critiques à mon sujet. Ils examinaient mes erreurs avec un regard d'aigle. Pauvre de moi !

J'avais peur de mes paroissiens

J'étais un jeune pasteur sans aucune formation théologique. Et voilà que je faisais l'objet d'un examen critique de la part de ces personnes.

« A-t-il vraiment été appelé ? » , demandaient-elles.

« Est-ce qu'un étudiant en médecine peut être pasteur ? » C'est à peine si je ne les entendais pas dire : « **On sait que tu n'as pas grand-chose à dire. Contente-toi de résumer ton message et finissons le culte.** »

J'appréhendais les samedi soir

Je devenais si anxieux les samedi que j'avais la diarrhée du samedi soir au dimanche matin. Un jour, j'ai demandé à ma bien-aimée (fiancée) : « Est-ce que je devrai vivre cette angoisse tous les samedi soir ? »

Je me souviendrai toujours d'un dimanche matin en particulier, où je me tenais face à la congrégation. Levant les yeux de ma Bible après avoir prié, je croisai le regard furieux et extrêmement critique de mon assistant et de plusieurs autres. Je savais au fond de moi qu'ils ne trouveraient rien de bon à mon prêche. Ce climat critique faillit briser ma toute jeune église.

Bien entendu, nul ne peut bien prêcher dans un climat extrêmement hostile. Certains pourraient se demander pourquoi j'insiste autant sur le sujet de la loyauté. C'est parce que j'ai connu les effets ravageurs qu'elle peut avoir sur le ministère.

Perspective ou point de vue ?

Quelqu'un m'a dit un jour : votre point de vue dépend de la perpective dans laquelle vous vous placez. La valeur d'une chose dépend des lunettes à travers lesquelles elle est examinée. **Si vous portez un œil critique sur quelque chose, vous n'en verrez que les imperfections.** Mais si au contraire vous portez sur elle un regard plein d'amour, vous y trouverez quelque chose de bon et de quoi espérer pour l'avenir.

Absalom avait lui aussi commencé à trouver des défauts à la manière de gouverner du roi. Il était si obsédé par les déficiences du ministère de David qu'il ne pouvait rien y trouver de bon. Cela n'a fait que le conduire à une autre étape de la déloyauté, la séduction.

Absalom lui disait : Vois, ta cause est bonne et juste ; mais personne de chez le roi ne t'écoutera.

2 Samuel 15 : 3

5ème étape

La politique

Quand une personne franchit l'étape politique, elle essaie d'amener les autres à adhérer à ses idées et philosophies. Les politiciens fonctionnent grâce au pouvoir des opinions des autres. Beaucoup d'hommes politiques ne peuvent pas dire la vérité parce qu'ils veulent plaire aux gens. Ils sont surtout intéressés par ce que pensent et disent les gens.

Quand une personne commence à devenir déloyale, elle essaie d'amener les autres à adhérer à ses idées traîtresses. **Elle essaie d'avoir des disciples et de faire croire aux gens qu'elle vient d'identifier un vrai problème qui mérite d'être examiné.** C'est exactement ce que fit Absalom.

Absalom était blessé (offense) et pendant deux ans, il n'a rien dit (passivité). Puis il commença à critiquer de façon exagérée les méthodes politiques de David (critique). Et voilà qu'il se mettait à rallier d'autres personnes à ses idées déloyales.

Absalom lui disait : Vois, ta cause est bonne et juste ; mais personne de chez le roi ne t'écoutera.

2 Samuel 15 : 3

La Bible nous dit qu'Absalom s'asseyait aux portes de la ville, et chaque fois que quelqu'un venait voir le roi, il lui demandait s'il avait un problème. Puis il écoutait attentivement et se montrait compatissant.

Il expliquait aux gens : « Dommage que le roi n'ait pas le temps aujourd'hui. »

Il se lamentait en disant : « Malheureusement, il n'a même pas pris la peine de déléguer quelqu'un pour s'occuper de vos problèmes. »

Prions pour notre pasteur

Puis Absalom continuait en disant : « Prions pour notre cher roi. Il prend de l'âge et a probablement du mal à assumer ses fonctions. » C'est l'erreur que commettent certains pasteurs associés. Il arrive que leur emploi du temps leur permette d'être plus en contact avec les gens. La congrégation a donc le sentiment que le pasteur associé est plus accessible et amical que le pasteur principal (le roi). Le pasteur associé qui se leurre fera alors des allusions selon lesquelles le pasteur principal (le roi) est incompétent et n'est en réalité qu'une figure de proue. Le Peuple d'Israël était très impressionné par le fils du roi pour deux raisons. Premièrement, c'était un bel homme au physique attirant. Deuxièmement, il avait vraiment l'air de se soucier d'eux. Au bout d'un moment, après les avoir impressionnés, Absalom gagna leur affection.

...Et Absalom gagnait le cœur des gens d'Israël.

2 Samuel 15 : 6

Quand une personne commence à faire de la politique, elle essaie d'amener d'autres à suivre ses idées. Vous savez, plus vous arrivez à engager les gens dans une controverse, plus vous prenez de l'assurance. Les personnes déloyales ont une façon insidieuse de parler des faiblesses de leurs leaders.

Elles posent des questions du genre : « Comment as-tu trouvé le culte aujourd'hui ? J'ai trouvé que ça manquait de saveur. »

Parfois, elles prennent même les Écritures à témoin. « Étant donné qu'on est une église fondée sur la Bible, ne penses-tu pas qu'on devrait avoir des miracles ? » « Penses-tu que le pasteur est aussi oint que l'année dernière ? » « As-tu remarqué que beaucoup de personnes quittent l'église ? » « Je trouve que notre pasteur voyage un peu trop. Pas toi ? »

Ces paroles servent d'appât pour attirer des chrétiens qui ne se doutent de rien. Elles poussent des chrétiens innocents à analyser des problèmes qui les « dépassent ».

...Je ne m'occupe pas de choses trop grandes et trop relevées pour moi.

Psaume 131 : 1

Petit à petit, ces personnes arrivent à étendre leur dissentiment à un groupe de chrétiens crédules.

Beaucoup de gens disent...

Ensuite, elles vous font des rapports sur le mécontentement des membres de la congrégation. L'expérience m'a appris que lorsqu'une personne a atteint l'étape politique de la déloyauté, elle a trois phrases favorites :

■ « Beaucoup de gens disent ceci, cela ».

■ « Tout le monde dit ceci, cela ».

■ « Un grand nombre de personnes dit ceci, cela ».

Ces personnes disent : « Beaucoup de gens disent que vous voyagez trop. Tout le monde dit que le projet de construction de l'église traîne trop. »

Elles expliquent : « Je parle au nom de beaucoup de personnes mécontentes dans l'église. »

Sa maison était le lieu des débats

Il y a quelques années, j'avais un associé exactement comme cela ! Il paraissait plus amical et abordable que moi. Les gens allaient lui confier leurs problèmes. Sa maison était le lieu où l'on débattait des problèmes de l'église. On évoquait mes lacunes dans sa maison. Les paroissiens étaient de plus en plus mécontents de ma manière de faire les choses.

« Il prêche pendant trop longtemps, tu ne trouves pas ? »

« Il boit de l'eau pendant qu'il prêche. »

« Il se déplace trop dans la salle. »

Au bout de quelques temps, il commença à me dire : « Beaucoup de gens disent... Un grand nombre de personnes dit... »

Quand il voyage, c'est la joie et la liberté

Je me souviens d'un jour où je me suis rendu à un centre de retraite spirituelle pour jeûner et prier. Là-bas, j'ai rencontré le pasteur associé d'une grande église de la ville. Une fois échangées des civilités, je lui ai demandé : « Comment va votre pasteur principal ? » « Oh il est là. » M'a-t-il répondu. J'ai continué en disant : « Comment va l'église ? » Il a répondu : « On a quelques problèmes, mais on reste vigilants. Vous savez quoi ? *quand il voyage, tout le monde est content.* » N'étant pas certain de comprendre, j'ai demandé : « Quand qui voyage ? » Il a souri et dit : « Le pasteur principal ». « Pourquoi cela ? » me suis-je enquis.

Il a répondu : « Parce que quand il n'est pas là, c'est la joie et la liberté et le Saint-Esprit agit librement. Le fait est que, *un grand nombre de personnes ne se sent plus béni quand il prêche.* » Il a insisté en disant : « Oh, beaucoup de gens ne sont pas contents quand il est ici ! C'est la joie et la liberté quand il s'en va ! »

En l'entendant parler ainsi, j'ai conclu que cet homme était déjà très avancé sur le chemin de la déloyauté. Et je ne m'étais pas trompé ! Moins d'un an plus tard, il se rebella et se sépara de son pasteur principal, emmenant avec lui une partie des membres de l'église.

Mettez-la à la porte !

Quand une personne atteint cette étape politique de la déloyauté, elle devient une menace pour l'unité et la stabilité de l'église. Un tel individu est un danger pour la sécurité de votre direction. Il n'est pas prudent de garder une personnalité « absalomique » au sein de vos troupes. Selon moi, vous avez plus que suffisamment de raisons de vous débarrasser d'elle.

6ème étape

La séduction

Une chose dont je suis sûr, c'est que les gens qui se rebellent sont victimes de séduction. Autrement, elles ne feraient pas certaines choses. La plupart des gens qui se sont rebellés ont fini par se détruire. Et je sais que personne ne cherche à détruire sa propre vie.

J'aimerais vous présenter certains types de séductions que rencontrent habituellement les ministres de l'évangile lorsqu'ils sont sur le chemin de la déloyauté. Vous réaliserez néanmoins que tous les ministres sont tentés par ces pensées.

Beaucoup de personnes rebelles sont séduites lorsqu'elles croient être meilleures que leurs supérieurs. Il arrive dans le ministère qu'un fils s'élève et fasse mieux que son père. Jésus semblait ne pas être dérangé par le fait que certains de ses disciples opèrent plus de miracles que lui. En fait, il avait prédit que ses stagiaires feraient de plus grandes choses que lui, et il en était heureux.

...les œuvres que je fais, et il en fera DE PLUS GRANDES...

Jean 14 : 12

L'histoire a prouvé qu'il disait vrai. Aujourd'hui, les évangélistes prêchent des foules plus grandes que celles que prêchait Jésus. Les ministres de l'évangile ont des écoles bibliques plus grandes que celles de Jésus (Jésus n'avait que douze étudiants dans son école biblique). Jésus n'est jamais allé à plus de 320 km de l'endroit où il était né. Je suis déjà allé à des milliers de kilomètres de l'endroit où je suis né. Jésus n'a jamais écrit de livre, mais vous êtes en train de lire un de mes livres. Jésus n'a jamais eu de bureau pour son ministère. Mais la plupart des églises en ont. Jésus n'est jamais allé à l'université, mais j'ai passé sept ans à l'université.

Jésus n'a ressuscité que deux personnes, mais on dit de quelqu'un comme Smith Wigglesworth qu'il a ressuscité vingt et une personnes. À la fin de sa vie, Jésus fut cruellement assassiné par ses ennemis et condamné aux côtés de voleurs. La plupart des pasteurs quitteront ce monde avec des honneurs. Mais Jésus n'a pas eu droit à cela !

Alors qu'il était en train de mourir, les soldats misaient sur la seule chose qu'il possédait sur terre – sa tunique. Mais de nos jours, la plupart des ministres ont plus de biens sur cette terre que Jésus n'en a jamais eu.

Tout cela ne fait pas de nous des êtres supérieurs au Christ. Christ reste le Christ Roi. Et vous et moi restons des êtres mortels et insignifiants. Sans lui, nous ne sommes rien. Ne vous laissez pas séduire par votre récente promotion dans le ministère. Vous êtes toujours vous.

Jésus a dit :

…le serviteur n'est pas plus grand que son seigneur, ni l'apôtre plus grand que celui qui l'a envoyé.

Jean 13 : 16

Il est dommage que lorsque nous faisons de petits progrès dans le ministère, nous nous mettions à penser que nous sommes supérieurs à tous ceux qui nous ont précédés.

Ne méprisez pas votre maître

Les ministres méprisent ceux qui les ont enseignés, juste parce qu'ils ont un petit nombre de personnes qui les suivent et ont acheté une nouvelle voiture. Un des serments que j'ai dû faire en tant que jeune médecin était de respecter mes maîtres. Vous ne devez jamais oublier que c'est grâce à quelqu'un que vous êtes là où vous êtes. Vous ne devez jamais oublier que, d'une certaine façon, vous êtes établi là où vous êtes grâce à quelqu'un ou à travers quelqu'un.

Lucifer fut nommé par Dieu, mais il semble avoir oublié ce fait très important.

Tu étais un chérubin protecteur...JE T'AVAIS PLACÉ...

Ezéchiel 28 : 14

Lucifer avait oublié que sa perfection, sa sagesse et sa beauté lui venaient de quelque part. En fait, elles avaient été créées. Ce que vous savez, c'est quelqu'un qui vous l'a appris. Quatre-vingt pour cent (80%) de ce que nous prêchons et enseignons, nous l'avons appris. Lucifer avait été créé. Il ne s'était pas créé tout seul.

...Tu étais plein de sagesse, parfait en beauté...TU FUS CRÉÉ.

Ezéchiel 28 : 12,13

Certaines personnes ont une petite vision, et cela leur monte à la tête. Certains pasteurs, parce qu'ils ont quelques miracles dans leurs églises, ne respectent plus personne. Ils imposent les mains à une ou deux personnes qui tombent sous l'effet de la puissance de l'Esprit, et leur cœur s'enorgueillit parce qu'ils ont du succès dans le ministère. Beaucoup chantent leurs louanges et les jeunes filles les approchent avec un regard admiratif.

Séduit par son succès tout neuf

...Ton cœur s'est élevé à cause de ta beauté...

Ezéchiel 28 : 17

Beaucoup de pasteurs ghanéens se rebellent lorsqu'ils sont envoyés hors de leur pays pour diriger des églises dans les riches pays d'Europe et d'Amérique. Ils vont et viennent au milieu de « pierres de feu » et cela leur monte à la tête.

Je me souviens d'un ministre qui était en formation depuis quelques années. C'était la première fois au cours de son ministère qu'on l'envoyait diriger une branche de l'église. Après six mois, il revint transformé en véritable rebelle.

Il dit : « Donnez-moi six mois. »

Personne ne pouvait le contrôler ou le conseiller. Il adressait des reproches acerbes à ses supérieurs, leur signalant qu'ils n'avaient pas toujours raison.

Ce ministre était séduit en croyant être plus doué que quiconque. Pour finir, il démissionna, dénonçant et tournant en dérision ses supérieurs dans le ministère avec amertume. Par dépit, il qualifia son ancienne église de secte. Il alla même jusqu'à traiter son père dans le Seigneur (celui qui l'avait conduit à Christ) d'idiot, parce que ce dernier se joignit à l'église lorsqu'il s'en allait.

Pour bien montrer qu'il était « aussi bon que les autres », il créa une église à quelques mètres de son église d'origine. Puis, il commença à inviter les membres de son ancienne église à se joindre à lui.

Et ce n'était pas tout. Cet anarchiste réfractaire jura qu'en six mois, il prouverait à tous qu'il était doué pour le ministère. Mais quelques années après que ce séparatiste arrogant se soit révolté, il disparut sans laisser de trace.

Cet insurgé obstiné pensait qu'en six mois il réussirait à faire des choses qui nécessitent des années d'expérience.

Je suis convaincu qu'éviter la séduction est l'une des raisons pour lesquelles Jésus a institué la Sainte Cène. C'est pour rappeler à chacun de nous que quoi qu'il fasse ou réussisse à faire, il ne sera jamais Christ ! Nous devons nous rappeler d'où nous venons. Nous devons nous rappeler comment nous sommes devenus ce que nous sommes aujourd'hui. Jésus a dit :

... Faites ceci en mémoire de moi.
Luc 22 : 19

Beaucoup de personnes rebelles sont séduites parce qu'elles sont douées et ointes. Absalom était très doué mais voulait devenir roi. Beaucoup d'insurgés pensent avoir acquis toutes les connaissances nécessaires.

Le comble de la séduction

Le comble de la séduction, c'est lorsque le mutin croit pouvoir détruire son maître ou son père. Il pense avoir suffisamment de puissance pour anéantir ceux qui ont été pour lui une bénédiction. **L'esprit de la rébellion ne fait pas que pousser les pasteurs assistants à partir. Il les pousse également à combattre les autorités placées au-dessus d'eux.**

Absalom combattit son propre père et échoua. Judas essaya de détruire Jésus son maître et Seigneur. C'est le comble de la séduction. Vous ne pouvez pas détruire le Seigneur en vous révoltant. Lucifer crut qu'il pouvait détrôner Dieu, mais ça aussi, c'était impossible. Quelle folie ! Quelle impensable folie !

Il menaça de détruire son propre père

Il y a quelques années, je discutais chez moi avec un pasteur nigérian. Cet ami pasteur était à la tête de plusieurs grandes églises à travers le Nigeria. Pendant que nous discutions, je me rendis compte qu'il avait vécu les mêmes expériences que moi. Il parlait d'un pasteur mutin qui avait grandi dans sa maison comme une sorte de domestique.

Je publierai un livre sur toi

Ce jeune homme avait été promu au rang de pasteur d'une des plus grandes branches de l'église. Mon ami m'informa que ce pasteur était devenu anarchiste et avait décidé de le combattre. Je fus frappé par un commentaire qu'il fit :

Il me dit : « Ce jeune homme se rebella, rompit avec l'église et commença à dire toutes sortes de choses malicieuses à mon sujet. »

Son propre fils dans le ministère avait dit : « Je publierai un livre sur des choses séditieuses. Il te détruira. »

Je te ferai partir de cette ville

Intéressant, ai-je pensé. Je me suis souvenu d'une menace similaire qui m'avait été faite par un pasteur rebelle. Cette personne avait dit qu'elle allait me faire partir de ma propre ville.

Voyez-vous, c'est le summum de la séduction. C'est l'esprit d'*Absalom qui combat son propre père*. L'esprit de *Lucifer*, c'est l'esprit qui essaie de *remplacer une autorité de droit ou de s'en emparer*. L'esprit de *Judas,* c'est l'esprit perfide qui *trahit et se retourne contre* son maître.

J'aimerais que vous appreniez dès maintenant que toutes ces choses sont impossibles. Vous ne pouvez pas remplacer Dieu. Et vous ne pouvez pas réussir à combattre votre propre père. Dieu ne vous aidera pas et en fait, il vous combattra. La nature toute entière, y compris les corbeaux et les aigles sauvages, vous combattront. La Bible dit que :

> **L'œil qui se moque d'un père et qui dédaigne l'obéissance envers une mère, les corbeaux du torrent le perceront, et les petits de l'aigle le mangeront.**
>
> **Proverbes 30 : 17**

7ème étape

La rébellion ouverte

C'est l'étape où les insurgés séduits combattent ouvertement l'autorité en place. Cette bataille ouverte vient du fait que la confiance du rebelle grandit au fil des mois et des années. Il s'acquiert un soutien psychologique en gagnant le soutien de certaines personnes à qui il a parlé. Souvenez-vous que Lucifer gagna le soutien de plus d'un tiers des anges. Le rebelle a le temps d'analyser les mérites et les démérites de la personne contre qui il se rebelle. Et soudain, il se révèle être ce qu'il a sur le cœur.

1.   Voici ce que fit Lucifer :

Et il y eut guerre dans le ciel...et le dragon (le diable) et ses anges combattirent...

Apocalypse 12 : 7

2.   Absalom combattit son père.

Et David dit...voici, mon fils (Absalom), qui est sorti de mes entrailles, en veut à ma vie...

2 Samuel 16 : 11

3.   Absalom essaya de prendre la place de son père partout, même dans la chambre.

On dressa pour Absalom une tente sur le toit, et Absalom alla vers les concubines de son père, aux yeux de tout Israël.

2 Samuel 16 : 22

4.   Judas trahit et combattit son Seigneur et maître.

...Judas ...arriva, et avec lui une foule nombreuse armée d'EPÉES... Celui qui le livrait leur avait donné ce signe : Celui que je baiserai, c'est lui ; SAISISSEZ-LE.

Matthieu 26 : 47- 48

Judas leur avait demandé de bien saisir Jésus et de ne pas le laisser s'échapper. C'est cela, lutter ouvertement contre son maître ou son père. C'est ce que j'appelle l'étape de la rébellion ouverte. Cela nous mène à la dernière étape de ce drame, que j'appelle l'exécution.

8ème étape

L'exécution

La fin de tous les rebelles est toujours la même : l'exécution. La rébellion est une chose essentiellement mauvaise.

La Bible nous enseigne qu'elle équivaut à de la divination.

Car la désobéissance est aussi coupable que la divination...

1 Samuel 15 : 23

Dans la Bible, la divination est punie par l'exécution.

Tu ne laisseras point vivre la magicienne.

Exode 22 : 18

Dieu ne tolère la rébellion sous aucune forme. Ne prenez part à aucune forme de rébellion. Les gens qui se mêlent aux révoltes sont souvent simples d'esprit. Beaucoup d'entre eux ignorent ce qui les attend.

Deux cents hommes de Jérusalem, qui avaient été invités, accompagnèrent Absalom ; et ils le firent EN TOUTE SIMPLICITÉ, SANS RIEN SAVOIR.

2 Samuel 15 : 11

Beaucoup de personnes se mêlent à la rébellion par innocence et ignorance. Si les sympathisants d'Absalom avaient su exactement ce qu'ils étaient en train de faire, je suis sûr qu'ils ne l'auraient pas suivi.

La Bible dit clairement quel est le salaire de la rébellion : l'exécution. Dieu vous déplacera et vous remplacera divinement par quelqu'un d'autre. Votre siège sera occupé par quelqu'un de mieux que vous. Vous serez banni et jeté aux oubliettes. Une malédiction pèsera sur vous et votre famille. Étudiez seulement la liste d'exécutions qui suit.

Lucifer

Et il fut précipité, le grand dragon, le serpent ancien, appelé le diable et Satan, celui qui séduit toute la terre, il fut précipité sur la terre, et ses anges furent précipités avec lui.

Apocalypse 12 : 9

Absalom

Dix jeunes gens... entourèrent Absalom, le frappèrent et le firent mourir.

2 Samuel 18 : 15

Achitophel

Achitophel... s'étrangla. C'est ainsi qu'il mourut...

2 Samuel 17 : 23

Schimeï

Et le roi donna ses ordres à Benaja... qui sortit et frappa Schimeï ; et Schimeï mourut.

1 Rois 2 : 46

Adonija

Et le roi Salomon envoya Benaja... qui le frappa ; et Adonija mourut.

1 Rois 2 : 25

Judas

Judas... alla se pendre.

Matthieu 27 : 5

Chapitre 3

Une culture d'allégeance

Le mot culture peut être défini en termes simples comme étant : « la manière dont nous pensons et faisons les choses chez nous. » La culture d'une église est une force très puissante. Une église peut avoir soit une culture de loyauté, soit une culture de déloyauté. Au cours des visites que j'ai rendues à certaines églises, j'ai remarqué qu'il y régnait soit un climat de loyauté, soit un climat de traîtrise.

Je me souviens être allé prêcher en Afrique du Sud. J'y ai rencontré plusieurs pasteurs et dirigeants assistants. Au cours de nos échanges, j'ai noté chez tous les assistants une certaine admiration et un amour sincère pour leur pasteur principal. Aucun d'eux n'a eu de réflexion sarcastique à son endroit. Ils avaient l'air d'aimer sincèrement et de respecter leur pasteur.

Cette église avait une culture de déloyauté

Je me rappelle aussi m'être rendu dans une autre église où le contraste était saisissant. J'y ai rencontré des pasteurs qui n'hésitaient pas à faire des commentaires sarcastiques à l'endroit de leur pasteur principal dans son dos. Ils avaient l'air de croire qu'ils allaient s'attirer ma sympathie en applaudissant certains aspects de mon église tout en brossant un tableau négatif de leur propre église.

Je me souviens que l'un de ces pasteurs a dit : « Oh, j'aime le bâtiment de votre église. C'est simple et pratique. »

Et il a continué en disant : « Vous connaissez notre « homme » (se référant à son pasteur principal). Cela fait des années que nous nous lançons dans des projets coûteux qui ne nous mènent à rien. »

Je l'ai simplement regardé avec étonnement ! Vous voyez, en faisant un tel commentaire, ce pasteur avait ridiculisé son pasteur et sa gestion devant moi, un étranger.

Je me souviens d'une autre fois où j'étais en train de célébrer le mariage d'une paroissienne. La mariée était membre de mon église et le marié appartenait à cette autre église. J'avais demandé à mon assistant de célébrer la cérémonie nuptiale de sorte que je puisse prêcher.

Il a dit : « J'aime votre style. »

Après le culte, ce pasteur qui appartenait à l'église du marié m'approcha et dit : « Je suis très content de vous rencontrer. J'aime votre style. »

Il ajouta : « Je suis content de rencontrer un évêque qui permet à ses assistants de prendre part à la cérémonie. Vous savez, chez nous les choses sont différentes. Notre homme, l'évêque, ne permettrait à personne d'autre que lui de jouer un rôle important. »

J'ai écouté sans rien dire. Je me suis dit : « Cet homme croit chanter mes louanges en faisant des remarques cyniques à l'endroit de son évêque. »

Mais c'était un rebelle

Je me suis dit : « c'est un rebelle en herbe. » Et comme on pouvait s'y attendre, une année plus tard, ce pasteur se rebella contre son évêque.

Je parle de la culture de déloyauté. Une culture peut être définie en termes simples comme étant « la manière dont nous pensons et faisons les choses chez nous ». La culture d'une église est simplement l'ensemble des coutumes et des valeurs uniques auxquelles les membres sont accoutumés.

La culture d'une église est une force très puissante. Vous n'en êtes peut-être pas conscient, mais c'est une réalité. Il faut que vous développiez une bonne culture de fidélité et de loyauté. Même dans le monde des affaires, la culture d'une entreprise détermine la manière dont elle s'en sort.

Dans mon église, nous avons progressivement développé ce que j'appelle une culture de loyauté. Il est inacceptable de parler en termes négatifs d'un ministre. Moi-même je ne fais aucune remarque sardonique à propos de mes amis et pasteurs dans leur dos. Si j'ai quelque chose à dire, en général je le dis simplement.

Les gens remarquent lorsqu'il y a de la loyauté

Les membres de l'église Lighthouse vous considéreront comme des rebelles si vous commencez à vous exprimer d'une certaine manière. Un frère, qui venait d'une église moins loyale, fit cette remarque : « Votre église est hermétique. » Ce qu'il voulait dire par là, c'est qu'il trouvait notre culture imperméable à toute forme de dires malicieux. C'est pourquoi les personnes qui murmurent et sont mécontentes ne peuvent pas vivre librement dans notre environnement.

Les clefs de la culture de la loyauté

Clef n° 1

Le vent du nord

Le vent de bise chasse la pluie ; et le visage sévère chasse la langue qui [médit] en secret.

Proverbes 25 : 23
(Bible David Martin, 1744)

La première clef du développement d'une culture de loyauté va peut-être en surprendre plus d'un. C'est ce que j'appelle la clef du vent du nord (le vent de bise). La Bible dit que le vent de bise chasse la pluie. On chasse un puissant orage par un vent violent. De même, le pouvoir d'une langue médisante peut être neutralisé par certaines expressions du visage.

Votre visage est le vent du nord

Montrez simplement à quelqu'un que vous n'êtes pas intéressé par sa conversation. La Bible dit qu'une attitude désagréable suffit largement à décourager les éléments indisciplinés et rebelles. Les gens verront petit à petit que les personnes déloyales ne sont pas les bienvenues.

Un jour, une jeune femme est allée voir un de mes pasteurs. Elle a fait l'erreur de croire qu'elle chantait ses louanges en disant : « Vous êtes tellement accessible ! »

Elle a poursuivi en disant : « Sans vous, j'aurais quitté cette église. » Ce pasteur m'a raconté : « Aussitôt qu'elle a dit ça, j'ai froncé les sourcils. »

(En d'autres termes, cette jeune femme était en train de dire que je n'étais pas un assez gentil pasteur. Et la présence de mon associé était la seule raison de sa présence à l'église.)

Mais l'expression du visage de mon associé suffit à couper court à une discussion perfide. Voyez-vous, le pasteur aurait pu penser qu'il était très oint, raison pour laquelle cette paroissienne avait fait ces remarques. Mais il se serait trompé.

Les pasteurs assistants ne doivent pas succomber à la tentation d'être déloyaux. Le diable utilise souvent des gens ordinaires pour amener ces tentations. La femme d'Israël chantait : « Saül en a tué des milliers, et David des dizaines de milliers. » Ce n'était pas vrai. David n'avait tué que Goliath et non des dizaines de milliers de philistins. Ne vous laissez pas séduire pas des paroles vides venant de la bouche de chrétiens immatures.

Le pasteur assistant amical

Le pasteur assistant semble souvent plus amical que le pasteur principal. C'est parce que ce dernier peut avoir certaines responsabilités importantes pour toute l'église. Le pasteur assistant peut être chargé des besoins les moins importants de l'église. Le pasteur assistant semble alors plus accessible et abordable.

Certains associés sont séduits en pensant que la congrégation les préfère au pasteur principal. L'assistant loyal doit apprendre à repousser les calomnies et les critiques acerbes à l'endroit de son supérieur.

Son visage m'a effrayé

Il y a quelques années, j'ai assisté à une rencontre organisée par un groupe de l'église à laquelle j'appartenais. À la fin du culte, le pasteur décida de prélever une deuxième offrande. Dès qu'il l'annonça, je me tournai vers la personne assise à côté de moi et murmurai : « Pourquoi prélever une deuxième offrande ? Ce n'est pas nécessaire. » Elle ne dit rien mais me jeta un regard que je n'oublierai jamais.

Je fus immédiatement pris de remords et je me rendis compte que j'avais fait quelque chose de mal. Je me sentis si mal de m'être plaint, même si le pasteur ne le savait pas.

Le vent de bise chasse la pluie ; et le VISAGE SÉVÈRE chasse la langue qui [médit] en secret.

Proverbes 25 : 23
(Bible David Martin, 1744)

Clef n° 2

Élagage constant

Pour avoir une culture de loyauté, vous devez constamment vous débarrasser des éléments déloyaux qui se trouvent parmi vous. Je suis convaincu que personne ne doit rester dans une église s'il n'en a pas envie. J'ai découvert que quand une personne manifeste l'envie de démissionner, il vaut mieux qu'elle s'en aille immédiatement, car son cœur a déjà quitté l'église.

Débarrassez-vous rapidement
des personnes déloyales

Je l'ai appris durement, lorsque j'ai encouragé un pasteur rebelle à rester en activité après qu'il eût manifesté son désir de s'en aller. Les mois supplémentaires qu'il passa avec nous ne valaient pas les troubles qui s'ensuivirent. Si vous manifestez votre désir de vous en aller, vous devrez le faire immédiatement. Même si vous changez d'avis, il sera trop tard. La raison en est simple.

...Ne savez-vous pas qu'un peu de levain fait lever toute la pâte ?

1 Corinthiens 5 : 6

Un employé dissident contamine les autres avec son attitude mécontente. Après que Judas eût démissionné du ministère de Jésus, ce dernier lui dit :

...Ce que tu fais, FAIS-LE PROMPTEMENT.

Jean 13 : 27

Le pasteur d'une grande église racontait par combien d'expériences malheureuses il avait dû passer pour avoir retenu un pasteur qui n'avait pas envie de rester en activité. Les gens qui n'ont pas envie de rester avec vous doivent s'en aller le plus vite possible. C'est aussi simple que ça.

Certains pasteurs sont si mous qu'ils ne se débarrassent pas ouvertement des éléments rebelles. Je me souviens du témoignage d'un pasteur diplômé de l'école biblique d'une église dotée d'une culture de déloyauté.

Il disait : « Il était évident que le doyen et les enseignants de cette école biblique avaient très peu confiance en leur propre église. » « Ils avaient rarement quelque chose de bon à dire sur leur propre église. »

Ce pasteur a dit quelque chose que j'ai trouvé extraordinaire ! Il a dit : « Chaque fois qu'il fallait trouver un exemple pour illustrer quelque chose de négatif, ils utilisaient leur propre église. »

Il a poursuivi : « Un jour où on suivait un cours sur l'administration et la gestion, l'enseignant a dit : 'vous voyez, cette église (et son pasteur bien sûr) est l'exemple d'une église dotée d'une mauvaise administration et gestion.' »

Que croyez-vous que les étudiants pouvaient penser du pasteur principal chaque fois qu'il enseignait à l'école biblique ? De telles personnes doivent être extraites du système. Ne permettez pas à un responsable de contaminer vos précieuses brebis.

Clef n° 3

Créez le feu

Il est parfois nécessaire de créer des conditions permettant de mettre à découvert les éléments déloyaux de l'équipe.

...une vipère en sortit par l'effet de la chaleur...

Actes 28: 3

Quand Paul atterrit sur l'île de Melita, ses habitants allumèrent gentiment un feu pour lui et ses compagnons. Paul rassembla des brindilles qu'il jeta au feu.

L'une des brindilles était un serpent

Tout à coup, une vipère (qui en passant, est l'une des espèces les plus dangereuses) sortit du feu et bondit sur la main de Paul. L'une des « brindilles » était un serpent ! Le feu la mit à découvert. Avant d'être mis au feu, certains serpents peuvent ressembler à des brindilles ordinaires.

De quel feu suis-je en train de parler ? Le feu du temps est un exemple de ce qui met à découvert la nature de serpent de certaines personnes.

C'est dans les moments difficiles et les épreuves que l'on découvre la véritable nature des gens. Parfois, le fait d'adoucir le chemin par lequel doivent passer les ministres ne permet pas de mettre leurs cœurs à l'épreuve.

Jésus a souffert de la méchanceté des personnes qui l'entouraient au cours de son ministère. Nous aussi nous devons souffrir. Et la souffrance permet de connaître la véritable nature des gens.

Ne cédez pas à la pression de promouvoir les gens

Ne soyez pas pressé de promouvoir les gens. S'ils se rebellent parce qu'ils n'ont pas été promus, ils se rebelleront également lorsqu'ils seront promus. Si vous ne me croyez pas, essayez et vous verrez ! J'ai appris que la rébellion est dans le cœur. Si une personne doit causer des problèmes, rien ne l'en empêchera, ni l'argent, ni des conditions de travail attractives.

Faites des transferts et voyez ce qui se passe

L'un des feux qui permet de mettre à découvert les serpents présents dans une grande congrégation est celui du « transfert ». Nombre de pasteurs, lorsqu'ils sont soumis à la possibilité d'un transfert, se rebellent contre l'autorité. Pourquoi vous rebeller contre votre transfert ? Avez-vous obéi à l'appel de Dieu à la condition de vivre dans une ville riche ? La réaction d'une personne par rapport à un transfert en dit long sur son caractère.

Clef n° 4

Travaillez uniquement avec des personnes qui le souhaitent

Assurez-vous de ne pas avoir autour de vous des personnes qui n'en ont pas envie (piégées). Donnez-leur toujours la possibilité de se retirer si elles le désirent. Une chose que vous ne devez pas avoir, c'est quelqu'un qui a envie de s'en aller, mais qui pour des raisons financières ou autres, se sent obligé de rester au sein de votre organisation. Le cœur d'une telle personne vous a quitté depuis longtemps. Elle peut se transformer en traître. **Donnez-lui la possibilité de se retirer pacifiquement.**

Il n'y a rien de tel que de travailler avec quelqu'un de consentant et d'heureux.

La BONNE VOLONTÉ, quand elle existe…

2 Corinthiens 8 : 12

J'ai décidé de contribuer au départ de toute personne qui désire se retirer, car en aidant cette personne, je m'aide moi-même.

Clef n° 5

Enseignez contre la déloyauté

Il est très important d'enseigner constamment sur la loyauté et la déloyauté. La plupart des gens ignorent comment évolue le processus de la déloyauté. Autrement dit, beaucoup de rebelles ne se rendent pas compte de ce qu'ils font. Un enseignement constant évitera aux gens de prendre part sans le savoir à des activités perfides.

Quiconque souhaite bâtir une grande église doit constamment enseigner la fidélité et la déloyauté. Personne ne naît avec les mots fidélité et loyauté écrits sur le front. Tout ministre aura droit à sa part de tentations de devenir déloyal. Vos responsables développeront une culture de loyauté si vous le leur enseignez constamment.

Chapitre 4

Leçons sur la loyauté

Leçon n°1

La loyauté nécessite une persuasion totale

Pour faire quoi que ce soit dans la vie, il faut être convaincu du fond du cœur. S'engager dans une équipe du ministère nécessite ce que j'appelle une persuasion totale.

Pour être loyal envers moi, il faut que vous soyez sûr de moi. Suis-je quelqu'un à qui vous pouvez faire confiance ? Suis-je réellement ce que je prétends être ? Une fois, j'ai demandé à mes pasteurs : « Que faire pour que les gens cessent de parler de moi ? »

Une personne a donné la bonne réponse. Elle a dit : « Si vous arrêtez de travailler dans le ministère, les gens cesseront de parler de vous ! » Et c'est très vrai.

Jésus a été accusé

Dans Luc 23: 2, Jésus est accusé par plusieurs personnes :

...de jeter le trouble parmi notre peuple...
Bible du Semeur

...excitant notre nation à la révolte, empêchant de payer le tribut à César...
Louis Segond

...mettant le trouble dans notre nation : il empêche de payer le tribut à César et se dit Messie, roi...
TOB

Et dans Luc 11 : 15, Jésus est accusé de chasser les démons :

...par Belzébuth, le chef des démons...
Version J. N. Darby

Paul fut accusé

Dans Actes 24 : 5, Paul est accusé :

...de susciter des désordres

La Bible de Jérusalem

...d'être une peste...

Louis Segond (nouvelle version, révisée, 1992)

...d'être un danger public...

Bible du Semeur

...de provoquer les émeutes...

TOB

...d'exciter les divisions...

Louis Segond (1910)

...d'être le chef d'une secte...

Louis Segond (1910)

Dans Actes 24: 6, il est aussi accusé d'avoir :

...tenté de profaner le temple...

Version J. N. Darby

...essayé de porter atteinte à la sainteté du temple...
La Bible en français courant

Tous ceux qui travaillaient avec Paul devaient être totalement convaincus de son caractère. Était-il le gourou d'une secte ou un malfaiteur ? Avait-il jamais essayé de profaner le temple ? Je n'aimerais pas travailler aux côtés de quelqu'un d'aussi malfaisant. C'est pourquoi il est important d'établir l'ensemble des faits en rapport avec votre ministre ou toute personne travaillant avec vous. Soyez totalement convaincu pour pouvoir demeurer fidèle lorsque viendront les accusations, les tests et les épreuves.

Peut-il y avoir de la fumée sans feu ?

Il existe un adage qui dit qu'il n'y a pas de fumée sans feu. En d'autres termes, il y a un peu de vrai dans toute rumeur. Je dirais plutôt ceci : cherchez à connaître la vérité qui se cache derrière toute rumeur. Y avait-il du vrai dans ces terribles accusations ? La réponse est non.

Vous savez, tout homme de Dieu fera l'objet de nombreuses accusations, rumeurs et histoires au cours de son ministère.

Tous les pasteurs seront accusés

Je me souviens avoir rendu visite à un pasteur qui avait été accusé d'avoir commis l'adultère avec des membres de son église. Cette histoire scandaleuse avait été publiée dans un journal populaire. Je décidai de visiter cette église un dimanche matin pour l'encourager. Ce jour-là, alors que je m'entretenais avec d'autres pasteurs et membres loyaux, j'ai réalisé qu'ils se posaient des questions. J'ai immédiatement compris qu'il allait leur falloir être entièrement sûrs de leur pasteur.

Voyez-vous, c'était sa parole contre celle de l'accusateur. Qui disait vrai ? L'accusateur ou le pasteur ? Si vous choisissez de rester, vous devez être prêt à défendre l'intégrité de votre ministre en toute confiance.

...mais je n'en ai point honte, car je sais en qui j'ai cru, et je suis persuadé...

2 Timothée 1: 12

Ne restez pas dans le ministère si vous vous posez des tas de questions. Répondez-y vous-mêmes ou allez-vous-en.

La transparence permet une persuasion totale

1.   La transparence financière

Faites connaître aux personnes importantes la source de tous vos biens. Ne soyez pas une personnalité mystérieuse. Certains pasteurs, quand on leur demande : « Comment avez-vous fait pour vous payer une voiture aussi chère ? », ils répondent en disant : « Le Seigneur a pourvu. » On sait que le Seigneur a pourvu, mais comment et grâce à qui ?

Même si les gens ne vous posent pas de questions, sachez qu'elles les ont à l'esprit. Bien que je ne sois aucunement obligé de le faire, j'essaie d'expliquer la source de mes bénédictions à ceux qui travaillent à mes côtés. Je veux qu'ils soient entièrement convaincus de qui je suis réellement.

Je ne crois pas au fait d'être quelqu'un de mystérieux, que personne ne connaît en profondeur. Quand les gens commencent à vous accuser, votre entourage doit pouvoir répondre aux questions correctement et en toute confiance.

2. Transparence par rapport à votre vision

Faites comprendre aux gens ce que vous essayez de réaliser. Faites-leur savoir pourquoi vous êtes si zélé par rapport à votre vision. C'est une des raisons pour lesquelles j'enseigne en donnant de longues listes de raisons pour lesquelles certaines choses doivent être faites.

Une fois, j'ai enseigné Vingt raisons pour lesquelles vous devez être membre permanent d'une église. Je me souviens également avoir enseigné Cinquante-quatre raisons pour lesquelles vous devez gagner des âmes. Quand vous donnez à quelqu'un cinquante raisons de faire quelque chose, ne croyez-vous pas qu'il sera entièrement convaincu ?

Ils croyaient qu'il était en vacances

Je me souviens d'un pasteur qui commettait tant de méfaits qu'il avait dû être corrigé et suspendu. Afin de préserver le ministère de ce pasteur, j'ai gardé secrets les détails très personnels, et la congrégation a même pris sa suspension pour des vacances. Cependant, lorsque ce rebelle a finalement quitté mon ministère, il a répandu toutes sortes d'histoires à mon sujet. Voyez-vous, il fallait qu'il justifie son départ inattendu. Mais personne ne savait que ce pasteur subissait des sanctions disciplinaires à cause de ses multiples méfaits.

Maintenant, c'était moi qu'on accusait !

Lorsque les gens ont commencé à poser toutes sortes de questions au sujet de ce personnage, j'ai eu un mal fou à leur donner des explications. Chose ironique, mes paroissiens se posaient maintenant des questions sur mon intégrité. Cela m'a donné une bonne leçon ! Parfois, il est bon d'expliquer certaines choses au fur et à mesure qu'elles arrivent. Être transparent à propos de ce qui se passe génère la confiance, la compréhension et l'assurance totale, surtout en temps de crise.

Celui qui n'est pas avec moi est contre moi...
Matthieu 12: 30

Vous ne pouvez pas être neutre dans une crise. Vous devez connaître le problème et y faire face. Vous devez savoir ce que vous défendez et être prêt à mourir pour cela. Je n'ai pas envie de travailler avec quelqu'un de « neutre ». Soit vous croyez en ce qui se passe, soit vous êtes contre moi.

Cher ami chrétien, soyez entièrement persuadé que vous êtes dans une bonne église dans laquelle Dieu veut que vous soyez. Soyez entièrement persuadé concernant le pasteur en charge de votre église. Avant de vous aventurer dans le ministère à plein temps, soyez-en totalement persuadé. Cela est indispensable au développement d'une loyauté véritable.

Leçon n° 2

Votre loyauté doit aller à l'autorité supérieure

Dans une grande organisation telle que l'église, il y aura toujours différentes autorités auxquelles vous devrez vous soumettre. Évidemment, certaines auront un rang plus élevé que les autres. La leçon est la suivante : **si la question de la loyauté se pose, votre loyauté doit aller à l'autorité supérieure.**

Par exemple, notre ministère comprend des bergers de groupe de partage, de bergers de ministère, des pasteurs de branche ou de chapelle, des pasteurs principaux.

Si par exemple, le pasteur d'une branche commence à dire des choses contraires à la vision générale de l'église, votre loyauté doit aller à l'autorité supérieure. Si le pasteur principal le plus élevé commence à dire et faire des choses contraires à Christ, vous n'êtes pas censé le suivre. Même l'apôtre Paul a dit :

Soyez mes imitateurs, comme je le suis moi-même de Christ.

1 Corinthiens 11 : 1 (TOB)

Paul disait en d'autres termes : « Suivez-moi, du moment que je suis Christ. » Le jour où je cesserai de suivre Christ, vous devrez cesser de me suivre. Dans ce cas, votre loyauté va à l'autorité supérieure, qui est Christ. Je suis convaincu que beaucoup de personnes ne comprennent pas ce principe.

Qui dois-je suivre ?

Il y a plusieurs années, lorsque Jim Jones a amené des centaines de personnes à se suicider, le monde entier était effaré. Depuis lors, les gens essaient de mettre des pasteurs sincères dans le même sac. Je vais vous dire comment faire la différence entre un vrai ministre de Christ et un hérétique.

Un vrai ministre du Christ vous dira toujours : « Ne me suivez pas si je ne suis pas Christ. » Jésus-Christ ne vous a pas demandé de boire du cyanure. Si votre pasteur vous dit de boire du cyanure, c'est mal. Je dis toujours à mes paroissiens que parce que je suis un homme, je peux me tromper. Alors, suivez-moi tant que je suis Christ.

Le pasteur vola l'église

Je me souviens d'une dénomination charismatique qui avait une grande branche dans une ville du Ghana. Un jour, le pasteur de cette branche entra en conflit avec le superviseur général de cette organisation. Suite à ce différend, il décida de prendre le contrôle de cette branche et d'en changer le nom. Me croiriez-vous si je vous disais que cet homme peignit un nouveau nom sur le nom d'origine de l'église ? Ensuite, il annonça aux paroissiens qu'ils ne faisaient plus partie de l'ancienne église. Ce pasteur, qui avait fait défection, vola le bâtiment, les biens, les instruments et même le pupitre de l'église.

Cependant, beaucoup de membres savaient que leur loyauté devait aller à l'autorité la plus haute, qui dans ce cas était le superviseur général. Ils dirent : « Nous ne participerons pas à cette rébellion. Si vous décidez de vous rebeller et de voler toute une église, nous ne vous suivrons pas ! Notre loyauté va à notre superviseur général. »

J'ai la tristesse de vous annoncer que beaucoup de membres de cette église suivirent quand même ce ministre renégat. Ce genre de choses ne peut arriver que si les gens ignorent les principes de la loyauté.

Leçon n° 3

Une personne loyale ne garde pas des informations pour elle

Une personne loyale s'ouvre à son supérieur à propos de tout. Je considère que quelqu'un est loyal quand il m'informe de la corruption en cours. Si je me rends compte qu'il savait tout depuis le début mais n'a rien dit, j'en conclurai qu'il est déloyal.

La Bible comporte plusieurs exemples de personnes n'ayant pas gardé pour elles des informations. Certaines de ces informations ont été à l'origine de grandes révélations et bénédictions.

L'apôtre Paul écrivit aux Corinthiens en disant :

On ENTEND DIRE généralement qu'il y a parmi vous de l'impudicité…

1 Corinthiens 5 : 1

Notez que Paul n'eut aucune parole de connaissance sur l'étendue de l'immoralité dans l'église. C'est quelqu'un qui lui en avait parlé. **Une structure bonne et loyale fonctionne avec des gens fidèles qui informent le chef de tout ce qui ne va pas.** Si quelqu'un n'avait pas parlé de ce péché, nous n'aurions pas reçu les enseignements contenus dans 1 Corinthiens 5.

Regardez comment une autre famille rapporta à Paul certaines choses qui se passaient à l'église. Ces dires ne venaient même pas du pasteur, mais d'une paroissienne ordinaire nommée Chloé.

Car, mes frères, J'AI APPRIS à votre sujet, par les gens de Chloé, qu'il y a des disputes...

1 Corinthiens 1 : 11

De tels rapports contribuent à l'édification de l'église. Il y a une différence entre un rapport pieux fait aux autorités compétentes et un commérage calomnieux.

La fiancée du pasteur avait un autre petit ami

Je me souviens d'un ministre qui avait demandé une jeune fille en mariage et avait commencé à la fréquenter. À son insu, cette fille, bien qu'étant un membre régulier de l'église, avait un autre petit ami incroyant. Ce ministre ignorait à qui il avait affaire !

Il se trouva qu'il y avait un autre membre de l'église qui travaillait dans le même quartier que cette jeune fille. Au bout d'un certain temps, cette sœur pensa : « Cette jeune fille se prépare à épouser un de nos pasteurs. Mais je vois qu'elle a un petit ami incroyant à côté. Elle mène une double vie. »

Elle vendit la mèche

Cette sœur prit son courage à deux mains, se rendit au bureau de l'église et « vendit la mèche ». Les autres pasteurs furent horrifiés mais reconnaissants envers cette sœur loyale. Voyez-vous, un rapport pieux a sauvé la vie de ce pasteur.

Un jour, cela peut vous sauver la vie de ne pas dissimuler des informations. Par exemple, Mardochée fut condamné à mort à cause de la conspiration maléfique d'Haman. Juste au moment où il allait être exécuté, on découvrit qu'il avait dénoncé deux assassins qui avaient failli tuer le roi.

> **Bigthan et Théresch... voulurent porter la main sur le roi Assuérus. Mardochée eut connaissance de la chose et EN INFORMA...**
>
> **Esther 2: 21-22**

Si vous êtes au courant de quelque chose de mal, on attend de vous que vous en parliez ! L'acte de loyauté de Mardochée fut consigné dans les annales de la nation. Un jour où le roi n'arrivait pas à dormir, il se mit à lire les archives. **Il y découvrit que Mardochée (qu'il était sur le point d'exécuter) lui avait en fait sauvé la vie.**

Cette découverte prouva que Mardochée était en réalité une personne très loyale. Quand vous dissimulez des informations, vous donnez l'impression de soutenir ce qui se passe. C'est ce qu'on appelle la complicité. Découvrir une insurrection et arrêter les rebelles, ce n'est que la première étape. L'étape suivante consiste à trouver tous ceux qui étaient au courant.

Un rapport pieux peut sauver la vie d'une église.

Leçon n° 4

La loyauté est basée sur des principes, pas sur des émotions

Beaucoup de personnes fonctionnent avec leurs sentiments et leurs émotions, plutôt qu'avec un ensemble de principes. Une décision basée sur des émotions et non des principes n'est pas solide. Si vous décidez d'appartenir à quelque chose, votre décision doit être basée sur des principes et non sur des sentiments.

Ils dirent : « Nous sommes désolés pour lui »

Un jour, un pasteur dissident s'écarta des rangs et prit la mauvaise décision. Certains paroissiens décidèrent de le suivre. Quand on demanda à quelques-uns d'entre eux pourquoi ils suivaient ce renégat, ils répondirent : « On sait que ce qu'il fait est mal, mais nous sommes désolés pour lui. »

Vous savez, j'ai déjà connu la rébellion. Nombre de ceux qui suivent des rebelles le font sans réfléchir. Vous devez vous rappeler que tous ceux qui suivirent Absalom sans y avoir réfléchi sérieusement furent tués. Souvenez-vous que tous les anges qui suivirent Lucifer furent jetés sur terre. Vous devez vous rappeler que Koré le rebelle périt avec toute sa famille, ainsi que trois cents autres personnes.

Tous ces gens n'auraient pas été détruits s'ils avaient réfléchi à deux fois à ce qu'ils étaient en train de faire. Comment pouvez-vous suivre quelqu'un comme Absalom, qui combattait son propre père ? Peut-être que la belle apparence et les longs cheveux d'Absalom émouvaient les foules. Ce que j'essaie de dire, c'est que la loyauté est basée sur des principes et non sur des sentiments et des émotions.

Le retour du rebelle

J'avais un pasteur qui m'avait quitté avec un petit groupe de rebelles. Quelques semaines plus tard, on m'informa que l'un d'eux voulait me rencontrer.

On m'informa que rebelle n°2 voulait me rencontrer. Je dis : « Pourquoi voudrait-il me rencontrer ? Je n'ai plus rien à faire avec lui. »

Ils insistèrent en disant : « S'il vous plaît, descendez, il veut vous parler. » J'ai accepté de descendre.

Au cours de la rencontre, j'ai demandé : « Jeune homme, que puis-je faire pour vous ? »

« Je suis venu m'excuser de m'être rebellé contre vous, répondit-il. Vous ne m'avez rien fait de mal et je ne sais pas pourquoi j'ai agi de la sorte. »

Je lui ai alors demandé : « Pourquoi vous êtes-vous associé à rebelle n°1 pour me combattre ? »

Je ne sais pas pourquoi je l'ai fait

Il baissa la tête et répondit : « Je ne sais pas. »

Il poursuivit : « Je suis né de nouveau ici. J'ai grandi ici. Tout ce que je sais sur le Seigneur, c'est vous qui me l'avez appris. »

Je lui demandai encore : « Pourquoi l'avez-vous fait ? »

Il secoua la tête et répondit : « Pasteur, je ne sais pas pourquoi je l'ai fait. »

Ce jeune homme reconnaissait avoir agi sous le coup de l'émotion. Il n'arrivait même pas à s'expliquer à lui-même pourquoi il avait agi de la sorte. Beaucoup de personnes déloyales ne font que suivre la foule. Elles ont l'impression d'être sur le point de vivre quelque chose de nouveau.

Il y avait dans une église un pasteur qui se sentait populaire et s'en alla avec une section de l'église. Cela fit beaucoup de peine au pasteur principal en charge de l'église et entraîna quasiment la destruction du ministère. Ceux qui prirent part à la rébellion furent tout d'abord contents, croyant qu'ils allaient vivre quelque chose de nouveau et d'excitant.

On ne m'y prendra pas deux fois

Un an plus tard environ, le pasteur traître voyagea pour l'Amérique et ne revint jamais. Il abandonna son église dissidente lorsque l'occasion se présenta d'aller en Amérique. Ceux qui l'avaient suivi furent très surpris et se sentirent abandonnés. Mais à quoi d'autre peut-on s'attendre de la part d'un rebelle ?

Il se trouva que certains membres de ce groupe maintenant dépourvu de pasteur décidèrent de se joindre à la Lighthouse Cathedral. Peu de temps après, nous avons également expérimenté une rébellion. Un pasteur rebelle approcha certains de ces nouveaux membres et les invita dans son église renégate.

Une des personnes qu'il avait invitées à se joindre à lui nous raconta la réponse qu'elle lui avait donnée :

Elle avait répondu à ce pasteur rebelle : « J'ai une fois suivi un pasteur qui a fait exactement ce que vous êtes en train de faire. J'ai déjà vécu tout ça. On ne m'y prendra pas deux fois. Il n'y a pas moyen que je vous suive ! »

Chère église, arrêtons de plaisanter. Basons notre loyauté et notre engagement sur des principes et non sur des émotions. Les chrétiens immatures vivent en fonction de leurs sentiments ! La loyauté prend fin lorsqu'on s'écarte de la parole et de ses principes.

La loyauté va à Dieu, à sa parole et aux principes contenus dans sa parole.

Jonathan avait des principes

Souvenez-vous de Jonathan, fils de Saül. Il s'était rendu compte que son père avait tort en principe. Il s'était également rendu compte que son père essayait de mettre à mort un jeune homme innocent. Alors, il décida d'aider David, bien que sentimentalement, cela lui coûtait. Même si ses agissements allaient à l'encontre de sa famille, c'était ce qu'il convenait de faire.

Certaines personnes ne font que suivre des principes familiaux. S'il s'agit de votre frère ou sœur, alors c'est bien, même si la faute est flagrante. Jonathan n'était pas ainsi.

Regardez ce qu'il a dit :

Dans le cas où mon père trouverait bon de te faire du mal, JE T'INFORMERAI aussi et je te laisserai partir, afin que tu t'en ailles en paix...

1 Samuel 20 : 13

Leçon n° 5

La loyauté vous coûtera vos relations et vos amitiés

Tout a un prix. L'instruction a un prix. Même votre salut a un prix. La Bible dit que nous avons été rachetés à un prix. La loyauté également a un prix.

Être loyal envers une personne signifie que vous ne pouvez pas l'être envers tout le monde. La loyauté vous coûtera vos relations et amitiés. Ma loyauté envers Christ a signifié pour moi l'impossibilité de garder certaines de mes anciennes amitiés.

La loyauté coûte cher

J'ai des amis avec qui le courant ne passe plus. La raison en est que ma loyauté va au Seigneur. Je trouve extraordinaire que certains chrétiens disent être amis avec des rebelles.

Ils disent : « Oh, c'est juste un camarade de classe. »

Je leur demande : « En êtes-vous certain ? »

Ils répondent : « Oh oui, c'est juste un vieil ami. On ne discute jamais de l'église ou de quoi que ce soit de ce genre. » J'aimerais que vous méditiez sur le verset qui suit. S'il vous plaît, ne vous contentez pas de le survoler.

Celui donc qui veut être ami du monde SE REND ennemi de Dieu.

Jacques 4 : 4

Notez que certaines amitiés équivalent à une inimitié avec Dieu. Pas besoin d'explications. La simple existence d'une amitié implique une inimitié avec Dieu. Quiconque est ami avec mon ennemi est également mon ennemi. Vous n'avez pas besoin de donner beaucoup d'explications sur le fait qu'il est votre collègue, ami ou voisin. La Bible dit que l'existence de certaines amitiés équivaut à certaines inimitiés.

Vous ne pouvez pas prendre vos relations à la légère. Elles ne sont pas insignifiantes. Elles signifient quelque chose. Chaque relation ou amitié vous apporte quelque chose. Je conseille à tous les pasteurs d'examiner le type de relations et d'amitiés qu'entretiennent leurs assistants.

Un jour, j'ai rendu visite à un ami qui était pasteur assistant. Au cours de notre discussion, il passa la plupart du temps à évoquer les réalisations et accomplissements d'un autre pasteur (pas de son propre pasteur principal). Il ne dit quasiment rien à propos du pasteur principal de sa propre église. En fait, il semblait être plus proche de ce pasteur externe que de son propre pasteur principal.

L'amitié qui n'a pas payé

Sur le chemin du retour, je méditai sur la relation proche que semblait entretenir cet assistant avec un pasteur externe. Je me dis : « Je me demande combien de temps ce pasteur restera dans son ministère actuel. » Et voilà que quelques mois plus tard, j'appris que cet ami pasteur assistant avait fait défection.

Aucune relation n'est insignifiante. Une amitié avec ceci signifie une inimitié avec cela ! Votre engagement pour votre cause peut même vous coûter votre famille.

Jésus a dit :

Si quelqu'un vient à moi, et s'il ne hait pas son père, sa mère, sa femme, ses enfants, ses frères, et ses sœurs, et même sa propre vie, il ne peut être mon disciple.
Luc 14: 26

Il y a des choses qui ne se font quasiment pas ouvertement. Par exemple, il est très rare de voir deux êtres humains en train de faire l'amour. La fornication est quelque chose que vous ne détecterez probablement pas avec vos yeux naturels. Mais la Bible dit que nous devons bien vérifier qu'il n'y a parmi nous aucun fornicateur. Comment sommes-nous censés reconnaître des fornicateurs ?

La réponse est évidente. Vous êtes censé en guetter les signes. Par exemple, lorsqu'un couple non marié se rend visite très tard après minuit.

C'est la même chose avec le concept de loyauté. La déloyauté n'est pas facile à détecter. Il faut que vous en guettiez les signes. Et les amitiés et les relations malsaines sont un signe de déloyauté. Votre loyauté se révèle à travers les amitiés que vous entretenez. Vous mettrez fin à certaines amitiés si vous êtes loyal envers Christ, votre église et votre pasteur.

La loyauté de Jonathan envers David lui coûta sa relation avec son propre père.

> **Jonathan répondit à Saül, son père, et lui dit : Pourquoi le ferait-on mourir ? Qu'a-t-il fait ? Et Saül dirigea sa lance contre lui...**
>
> **1 Samuel 20 : 32-33**

Lorsque Jonathan demanda à son père pourquoi il voulait faire mourir David, cela mit le roi Saül si en colère qu'il dirigea sa lance contre son fils. Notez que Jonathan faillit perdre la vie à cause de sa loyauté envers David. La loyauté coûte cher.

Leçon n° 6

La loyauté vous coûtera des choses matérielles

La Bible nous enseigne que lorsque Moïse devint un homme, il dut choisir entre être loyal envers Dieu et être loyal envers Pharaon. Sa loyauté envers Dieu lui coûta tout. Moïse aurait pu devenir premier ministre d'Égypte. Mais sa loyauté lui coûta sa nationalité, son passeport et son statut de roi. Il perdit tout à cause de Christ.

> **C'est par la foi que Moïse, devenu grand, refusa d'être appelé fils de la fille de Pharaon, aimant mieux être maltraité avec le peuple de Dieu...**
>
> **Hébreux 11: 24-25**

Si quelqu'un vous donne régulièrement de l'argent et se rebelle contre Dieu et contre l'église, vous devrez choisir entre chanter les louanges d'un Absalom et faire ce qui est juste. Si vous choisissez de baser votre choix sur des principes, il est évident que votre source d'approvisionnement tarira. Mais cher ami, c'est cela le prix de la loyauté.

Leçon n° 7

La loyauté demande de l'analyse

Chaque fois que votre loyauté sera mise à l'épreuve, il vous faudra analyser différentes choses pour pouvoir rester loyal. Une analyse est un examen ou une interprétation détaillée des informations dont on dispose.

J'aimerais vous montrer différentes choses que vous devez analyser pour garder votre esprit et votre cœur sur ce que vous faites.

i) Analysez le passé

Je voudrais vous montrer comment Paul amena Timothée à analyser les choses. Premièrement, il lui demanda d'analyser le passé.

C'est pourquoi je t'exhorte à ranimer le don de Dieu que tu as reçu par l'imposition de mes mains.

2 Timothée 1 : 6

Timothée était probablement quelqu'un qui s'écartait de sa vocation. Paul lui écrivit pour lui rappeler le passé. On ne sait pas exactement ce que Paul était en train de rappeler à Timothée, mais cela devait être en rapport avec son appel. Il dit : « Je te rappelle quelque chose. »

Pensez à tout ce qui est arrivé dans le passé. Comment Dieu vous a appelé et amené là où vous vous trouvez. Je me souviens toujours des incitations et appels de l'Esprit que j'ai commencé à ressentir très tôt dans ma vie. Je me souviens du zèle et de l'amour que j'ai toujours eu pour la conquête des âmes. Cela m'aide à demeurer loyal envers l'appel que Dieu m'a lancé. Je suis certain que beaucoup de gens ne prennent pas le temps de penser au passé.

J'ai trouvé quelqu'un qui avait la passion des âmes

Je me souviens du jour où j'ai rencontré mon bras droit. C'était dans une auberge pour étudiants en médecine de l'université. On parla de la prédication de l'évangile dans les villes et les villages de notre pays. Je me rendis compte qu'il avait la même passion et préoccupation que moi pour les âmes.

Un déclic se fit dans mon cœur et je réalisai que j'avais trouvé quelqu'un avec qui je pouvais travailler. Cette discussion m'est encore présente à l'esprit. Elle me permet de rester sur le droit chemin et de faire ce que j'avais décidé de faire à l'origine. C'est pourquoi aujourd'hui nous avons un ministère d'évangélisation de masse. Chaque fois que je veux faire quelque chose d'autre, le Seigneur me rappelle ce qu'il m'a dit auparavant.

J'ai aussi décidé de me rappeler des associations et des amitiés du passé. Une fois, un personnage rebelle est sorti de ce chemin et est allé me calomnier chez mon ami.

Méfie-toi de pasteur Dag

Il dit : « Fais attention à pasteur Dag. »

Mon ami répondit : « Pourquoi me dis-tu de faire attention à lui ? »

Il répondit : « Il pratique les sciences occultes. »

« Quoi ! Tu es fou ! » poursuivit mon ami loyal. « Sais-tu depuis combien de temps je connais Dag ? Tu n'as pas l'air de savoir que je le connais de longue date. » Mon ami loyal lui fit remarquer : « Je crois que quelque chose ne va pas avec toi. »

Chaque fois que vous analysez le passé, cela vous aide à rester loyal.

ii) Analysez les individus en question

Pour rester loyal pendant longtemps, il faudra que vous fassiez une bonne analyse de l'individu concerné. Paul a dit que Timothée devait continuer à faire les choses qu'il avait apprises. Et surtout, Timothée devait se rappeler le genre de personne qui lui avait appris ce qu'il savait.

Toi, demeure dans les choses que tu as apprises, et reconnues certaines, SACHANT DE QUI TU LES AS APPRISES ;

2 Timothée 3 : 14

Quand les gens commencent à raconter toutes sortes d'histoires séditieuses et calomnieuses, réfléchissez attentivement à ce qu'ils disent. Analysez le genre d'individu que l'on critique et demandez-vous si cela tient debout.

Qu'est-ce qui rapporte plus : être médecin ou pasteur?

Une fois, quelqu'un a dit que je prêchais pour l'argent, que j'essayais de me faire de l'argent rapidement. De toute évidence, cette personne n'a pas réfléchi. Si cet individu avait analysé ses dires, il aurait réalisé que très peu de personnes ont le privilège d'être médecin. Il se serait aussi rendu compte qu'il fallait que je sois fou pour abandonner l'exercice de la médecine pour me faire de l'argent en collectant les centimes des gens. Quelle absurdité ! Il y a des moyens beaucoup plus faciles de se faire de l'argent en tant que médecin. Ce personnage malhonnête refuse de réfléchir à ce que tous mes collègues médecins sont devenus et à combien ils gagnent.

Ce que je veux dire par là, c'est que vous devez analyser l'individu que l'on critique, et cela vous aidera à décider si vous devez être loyal ou non.

Pour toi, tu as suivi de près mon enseignement, MA CONDUITE, mes résolutions, ma foi, ma douceur, ma charité, ma constance, mes persécutions, mes souffrances...

2 Timothée 3 : 10-11

Paul a dit : « Tu connais ma conduite et mon caractère. »
Il invitait Timothée à reconnaître à quel point il le connaissait
intimement. Quand je rencontre des personnes sur lesquelles
j'ai entendu dire des choses négatives, je les trouve souvent
différentes du portrait qu'on en avait fait. Cherchez à connaître
personnellement l'individu concerné. C'est alors seulement que
vous connaîtrez la vérité.

Le pasteur était-il allé en boite de nuit ?

Un jour, une paroissienne m'a dit qu'elle avait vu un de mes
pasteurs amener une femme en discothèque. J'ai réfléchi un
moment à ce que disait cette femme, puis je me suis dit que ce
n'était pas possible. Pourquoi ai-je pensé que c'était une histoire
futile ? Lorsque j'ai analysé la personne qui me racontait l'histoire
et le pasteur concerné, j'ai eu le sentiment que ces accusations
étaient ridicules.

Je connais ce pasteur depuis des années, et je n'ai jamais eu
de raison de douter de son intégrité. Pourquoi devrais-je écouter
les racontars d'une sotte dont j'ignore les motivations ? Bien
entendu, j'aurais pris une telle accusation plus au sérieux si elle
était venue de plus d'une personne.

**Ne reçois point d'accusation contre un ancien, si ce
n'est sur la déposition de deux ou trois témoins.**
1 Timothée 5 : 19

La loyauté nécessite une analyse continue face à des
accusations, rumeurs et histoires calomnieuses constantes.

Je l'ai soutenu jusqu'à ce que…

Il y a quelques années, un homme de Dieu a été accusé
d'adultère avec une de ses paroissiennes. J'avais entendu cet
homme prêcher à plusieurs reprises et j'avais été très touché par
le don qu'il avait reçu de Dieu. Alors, quand cette rumeur s'est
confirmée, je lui ai écrit une lettre pour l'encourager. Je lui ai dit
que je priais pour lui et qu'il pouvait compter sur mon soutien.

J'ai souligné que je croyais toujours en lui, en dépit de tout ce qui était arrivé.

J'avais l'impression que je devais rester loyal envers lui parce qu'il avait probablement fait une terrible erreur dont il s'était repenti.

Une fille dans la chambre d'hôtel

Bien que dans le feu du scandale cet homme fût beaucoup critiqué, je l'ai toujours défendu, tant en public qu'en privé. Voyez-vous, la Bible dit que l'homme juste tombe sept fois et se relève. Alors, j'ai pensé qu'il allait se relever. Mais quelques années plus tard, il se passa quelque chose, qui me fit retirer ma loyauté à cet homme.

J'étais allé lui rendre visite dans un hôtel. J'avais un message à lui transmettre. Le réceptionniste m'indiqua la chambre dans laquelle il se trouvait.

Je montai à sa chambre et je frappai. Quelqu'un vint à la porte et m'ouvrit. C'était une fille à moitié nue, munie d'une serviette légère qu'elle tenait négligemment devant elle !

J'étais stupéfait.

« Oh, le pasteur est-il là ? » demandai-je. « J'ai un message pour lui. »

Elle sourit en disant : « Oui. Il est au lit. »

Je trasmis rapidement le message et je méclipsai, complètement hébété.

Alors que je sortais de l'hôtel, je me demandai : « Que faisait cette fille nue dans la chambre de l'homme de Dieu ? N'en a-t-il pas assez des scandales ? »

J'analysai la situation. Des années après le scandale, ce pasteur continuait à avoir un comportement douteux et immoral.

C'est seulement à ce moment-là que ma loyauté envers cet individu prit fin.

iii) Analysez le genre de propos que vous avez entendu

Retiens dans la foi et dans la charité qui est en Jésus Christ LE MODÈLE DES SAITNES PAROLES que tu as reçues de moi.

2 Timothée 1 : 13

Vous devez vérifier ce que prêche le pasteur derrière son pupitre. Est-ce exact ? Est-ce la parole ?

Cela vous aidera à savoir si vous devez rester loyal envers lui ou non.

Ces Juifs avaient des sentiments plus nobles...ils examinaient chaque jour les Écritures...

Actes 17 : 11

Vous êtes également censé comparer ce qu'il prêche maintenant avec ce qu'il avait l'habitude de prêcher. Cela, parce que certains commencent avec un enseignement basé sur la Bible, puis finissent pas toutes sortes de doctrines étranges. Si ce n'est plus la parole de Dieu qui est prêchée, vous êtes censé « faire défection de celui qui fait défection ».

Votre pasteur prêche-t-il ce qui est juste ?

Certains hommes d'église se sont écartés du courant général des doctrines bibliques et sont entrés dans des versions extrêmes de certaines vérités fondamentales. Il existe de grandes vérités sur le Saint-Esprit, la prière, la prospérité, etc. Mais tout cela peut être détourné ou mal interprété. Dieu n'a pas dit qu'on sifflerait en langues ou qu'on aboierait ou mordrait les gens en esprit. Mais ces choses sont enseignées comme des vérités bibliques. Restons dans le courant général.

Nous devons analyser le type de messages que nous délivrent nos hommes de Dieu. Nous ment-il depuis toujours ? Est-ce qu'il a l'habitude de calomnier les gens ? Est-il un colporteur de ragots ? Si vous commencez subitement à entendre des critiques à l'endroit de quelqu'un que vous aimez et en qui vous avez confiance, analysez le genre de propos qu'il a toujours tenus. Il est probable qu'il tienne toujours le même genre de propos. Cela vous aidera à décider si vous devez lui faire confiance ou non.

Souvenez-vous de cette petite phrase : ***celui qui vous ment au sujet des autres mentira aux autres à votre sujet.*** Le mensonge est souvent une maladie chronique.

Il prêchait son opinion

Ai-je l'habitude de prêcher mon opinion ? Ou est-ce que je prêche la parole ?

Un jour, j'étais à une réunion avec un groupe de pasteurs de ma ville. L'un deux dit : « Quand on prêche dans nos églises le dimanche matin, on donne souvent nos opinions. »

Je lui demandai: « Vous avez dit que vous prêchez votre opinion ? » « Oui, on prêche tous nos opinions », insista-t-il.

Je l'ai tout de suite repris: « Nous sommes censés prêcher la parole de Dieu et non nos opinions. »

Voyez-vous, il y a une différence entre votre opinion et la parole de Dieu. N'acceptez pas sans rien dire ce que vous dit quelqu'un, simplement pour ce qu'il est.

Certains prédicateurs sont malins

Certains prédicateurs savent jouer avec les mots. La Bible dit qu'ils bouleversent le cœur du simple avec leurs maximes qui résonnent joliment. **Ne les laissez pas s'en tirer avec leurs jolies petites phrases.** Prenez-les au mot ! Tout ce que vous dites doit s'équilibrer avec la parole. Si ce n'est pas le cas, alors c'est inacceptable.

Analysez le genre de mots que vous recevez. Opinion personnelle ou parole de Dieu ?

Je suis en train de faire pousser un joli gazon dans ma maison, mais j'ai beaucoup de mal avec les mauvaises herbes. C'est difficile de faire la différence entre la vraie herbe et les mauvaises herbes. Les mauvaises herbes semblent pousser plus rapidement. Elles sont plus voyantes et tape-à-l'œil. **Mais le bon jardinier doit faire la différence, arracher les mauvaises herbes, et arroser la bonne herbe.**

iv) Analysez la parole de Dieu

Une fois, j'ai dû demander à mes paroissiens de marquer et d'éviter un individu contagieux de l'église. Certaines personnes étaient surprises que je donne une telle instruction.

On a marqué un rebelle

Elles ont demandé : « Comment pouvez-vous nous demander d'éviter un frère ? » Une fois de plus, c'était des personnes qui ne lisaient pas leur Bible.

La parole de Dieu dit de :

...PRENDRE GARDE à ceux qui causent des divisions et des scandales...ÉLOIGNEZ-VOUS D'EUX.
Romains 16 : 17

Vous trouverez tout au long des Écritures des histoires sur Lucifer le rebelle, Absalom l'assassin de son père et Adonija l'usurpateur.

Achitophel le traître ; Schimeï qui maudit le Roi David et Judas qui trahit Jésus, ne sont que quelques exemples supplémentaires de traîtres. Peut-on espérer ne pas avoir de telles personnes à l'église ? La Bible est un livre pratique et elle déclare :

Ce qui a été, c'est ce qui sera...
Ecclésiaste 1: 9

Lisez votre Bible et analysez ce qu'elle dit. Vous réaliserez que ce que nous vivons n'a rien d'inhabituel.

Jésus a-t-il commis une erreur ?

Comment Jésus a-t-il pu choisir une équipe de pasteurs et se retrouver avec un traître ? **Quand Jésus a choisi ses dirigeants, l'un deux s'est avéré être un diable. Ne soyez pas surpris si l'un de vos dirigeants s'avère être un scélérat.** On pourrait douter de la capacité de Jésus à choisir des leaders. Jésus a essayé de choisir les meilleurs, mais voyez ce qui est arrivé. Si vous nommez des pasteurs et que l'un deux se retourne contre vous, souvenez-vous que la même chose est arrivée à Jésus.

Le disciple n'est pas plus que le maître...

Luc 6: 40

Chapitre 5

Les signes de la déloyauté

J'ai appris il y a quelques temps que les dirigeants ne connaissent pas souvent leurs brebis telles qu'elles sont réellement. Si vous êtes un dirigeant, les gens feront semblant tout le temps. Ils vous dissimuleront leurs lacunes et ne vous diront que ce qu'ils savent que vous voulez entendre. Ils chanteront vos louanges parce qu'ils savent que vous aimez être encouragé.

Quand une personne avec qui vous entretenez des rapports est déloyale, ne vous attendez pas à ce qu'elle vous annonce : « Je ne suis pas avec vous. » Un bon dirigeant doit guetter ce que j'appelle les signes de la déloyauté.

Dirigeants, guettez les signes

Ces signes vous aideront à circuler dans le labyrinthe des personnes qui chantent vos louanges. Lorsque ceux qui entouraient Christ semblaient chanter ses louanges et reconnaître qu'il était un grand dirigeant, Jésus ne se fia pas à eux.

> **Mais Jésus ne se fiait point à eux, parce qu'il les connaissait tous, et parce qu'il n'avait pas besoin qu'on lui rendît témoignage d'aucun homme ; car il savait lui-même ce qui était dans l'homme.**
>
> **Jean 2 : 24-25**

Tout bon dirigeant ne doit pas se fier aux hommes. Il ne doit pas non plus totalement faire confiance à ce que disent les gens. Souvenez-vous que lorsque Jésus entra à Jérusalem le dimanche des rameaux, il fut acclamé et loué.

Ne faites pas confiance à tout le monde

D'une certaine manière, vous devez tout prendre avec des pincettes. À un autre endroit de la Bible, les propres frères de Jésus lui suggèrent de rendre publique son ministère.

Et ses frères lui dirent : Pars d'ici, et va en Judée, afin que tes disciples voient aussi les œuvres que tu fais.

Jean 7 : 3

Ils l'encourageaient, lui expliquant que quelqu'un qui veut que son ministère aille loin n'agit pas en secret. Souvenez-vous, c'était les propres frères de Jésus. Jésus a simplement répondu en disant : Mon temps n'est pas encore venu.

Mais dans Jean 7: 5, la Bible nous révèle que ce conseil donné par ses frères n'était pas sincère.

Car ses frères non plus ne croyaient pas en lui.

Jean 7 : 5

Ce passage montre qu'un dirigeant reçoit souvent des conseils hypocrites et des louanges mensongères. C'est la raison pour laquelle un bon dirigeant doit apprendre ce que j'appelle les signes de la déloyauté.

Ce qui suit, ce sont les signes que manifestent les gens lorsqu'ils sont déloyaux ou *en voie de l'être.*

1)   Un responsable qui vous déçoit à un moment crucial ou en temps de crise

Prenez note des dirigeants qui s'absentent lorsque l'église traverse des moments difficiles. Remarquez les personnes qui s'absentent dans les moments difficiles. C'est dans les moments difficiles qu'on découvre le véritable caractère des gens. Dans le feu des événements, il peut arriver que vous réprimandiez sévèrement quelqu'un ou que vous surmeniez vos collaborateurs. Voyez comment ils se comportent dans ces moments-là, vous en apprendrez beaucoup sur leur loyauté.

En temps de guerre, on s'attend à ce que tout le monde coopère. Il y a quelques temps, on a eu une crise dans notre église, en rapport avec les factions de notre communauté. Un jour, dans le feu des événements, on a dû se rendre auprès des autorités gouvernementales. Arrivés sur place, elles ont voulu savoir s'il y avait au sein de la communauté des personnes qui nous soutenaient.

Les trois déserteurs

Je leur ai répondu : « Oh, ce n'est pas un problème; nous avons des membres de la communauté dans l'église. » « Il y en a même qui sont employés à notre bureau. »

Je me suis alors empressé d'envoyer un message à quelques-uns de ces employés (qui suivaient également une formation pastorale), leur demandant de se rendre avec moi auprès des autorités. Je voulais que les autorités voient que la communauté nous soutenait vraiment. Vous ne me croiriez pas si je vous disais que ces pasteurs stagiaires ne se sont pas montrés. Ils ne se sont pas rendus auprès des autorités pour soutenir l'église. Je me suis senti vraiment déprimé et abandonné en temps de guerre.

Après cette crise, j'ai demandé des explications aux trois déserteurs.

Deux d'entre eux se sont excusés

Peu de temps après, deux d'entre eux se sont excusés de m'avoir laissé tomber en temps de crise. Mais le troisième ne s'est pas excusé. J'ai décidé de ne rien lui dire et de le regarder faire. J'ai réalisé que j'avais détecté un manque d'engagement total. Je ne fus pas surpris de recevoir quelques semaines plus tard une lettre de ce frère sur mon bureau. Je sais toujours quand j'ai affaire à une lettre de démission.

Je démissionne

La lettre en question ne comportait qu'une phrase : « Je démissionne de votre organisation. » Je n'ai plus jamais revu ce frère et cela ne m'intéressait plus de le voir. Faites attention à ceux qui vous laissent tomber dans les moments difficiles. Ils ne sont probablement pas loyaux envers vous.

Pourquoi Paul a-t-il dit qu'il ne travaillerait pas avec le révérend Jean-Marc ? C'est parce que Jean-Marc l'avait laissé tomber en temps de crise.

Mais Paul jugea plus convenable de ne pas prendre avec eux celui (Jean-Marc) qui les avait quittés...

Actes 15 : 38

2) Un responsable qui vous déçoit quand il est sous pression

Je me suis aperçu que certaines personnes ne viennent tout simplement pas à l'église ou ne s'impliquent pas quand elles traversent une crise familiale ou financière. Je suis souvent surmené par plusieurs quartiers (je m'occupe de la cathédrale, je gère les branches, les pasteurs, les terrains et les biens, le personnel, les salaires, les lettres, les critiques, les appels téléphoniques, les urgences, les problèmes de voyage, les tensions familiales). Mais malgré tout cela, je dois rester concentré et assumer mes responsabilités. Il est important que je ne m'effondre pas et ne laisse pas tomber les gens quand je suis sous pression.

Comme une dent cassée et un pied qui chancelle, ainsi est la confiance en un perfide au jour de la détresse.

Proverbes 25 : 19

Certaines personnes se plaignent toujours d'avoir des problèmes domestiques ou familiaux. Avez-vous remarqué que ces problèmes ne les empêchent pas de se rendre à leur lieu de travail ? Un dirigeant qui vous abandonne quand il est sous pression est une personne potentiellement dangereuse.

Les pasteurs doivent quand même prêcher

Il arrive parfois qu'un pasteur soit obligé de prêcher après s'être disputé avec son conjoint sur le chemin de l'église. Malgré cela, il faut que l'onction repose sur lui pendant qu'il prêche. S'il devait faire une dépression chaque fois qu'il est sous tension, il ferait un mauvais ministre.

3) Un responsable qui a des faiblesses morales

Si vous avez un dirigeant qui a constamment des problèmes d'immoralité, veuillez prendre note de cette personne. Elle pourrait vous décevoir et se retourner contre vous un jour. Pourquoi cela ? La Bible dit qu'un dirigeant doit vivre une vie sainte et traiter les jeunes femmes comme des sœurs, pas comme des petites amies.

...(traitez) celles qui sont jeunes comme des sœurs, en toute pureté.

1 Timothée 5 : 2

Une personne qui vit constamment dans le péché est souvent en révolte contre Dieu. Cette attitude de révolte peut à tout moment se diriger contre n'importe quel représentant de Dieu.

Le pasteur en colère s'en est allé

Il est possible que vous soyez obligé de corriger ce dernier pour ses fautes. En colère parce que vous l'avez corrigé, il peut se rebeller contre vous et s'en aller. De telles personnes inventent souvent des histoires qu'elles racontent autour d'elles.

4) Un responsable qui a des faiblesses financières

Une fois de plus, quelqu'un qui commet un vol est en révolte contre Dieu. Cette révolte finira par se retourner contre les pasteurs. Si vous mettez ce voleur face à ses mauvais agissements, il se mettra probablement en colère contre vous. Furieux que vous l'ayez corrigé, il est possible qu'il s'en aille et répande des histoires négatives à votre sujet, disant que c'est vous le vrai voleur ! Souvenez-vous que de nombreux traîtres et rebelles sont aussi des voleurs.

il (Judas) était voleur....

Jean 12 : 6

5) Un responsable mondain

Vous devez prendre note d'un responsable qui aime regarder les films mondains et pervers. Il aime la musique du monde et en connaît toutes les paroles. Quelqu'un qui admire la mondanité est certainement attiré par elle. Une telle personne peut vous abandonner, tout comme Démas a abandonné Paul.

Car Démas M'A ABANDONNÉ, PAR AMOUR POUR LE SIÈCLE PRÉSENT.

2 Timothée 4 : 10

6) Un responsable qui pense pouvoir faire ce que vous faites, mieux que vous ne le faites

Quiconque me regarde, moi le pasteur principal et se dit : « Je peux faire mieux. » ou « Si j'en avais l'opportunité, je prêcherais aussi bien que ça, et probablement mieux que ça », est dangereux pour moi. Souvenez-vous qu'Absalom pensait pouvoir faire le travail que faisait son père, mieux qu'il ne le faisait. Absalom disait :

QUI M'ÉTABLIRA JUGE DANS LE PAYS ? Tout homme qui aurait une contestation et un procès viendrait à moi, et je lui ferais justice.

2 Samuel 15 : 4

Une personne ne fait pas ce qu'elle fait parce qu'elle est la meilleure. Elle le fait parce que Dieu l'a placée là où elle est. Je ne dirige pas mon église parce que je suis le meilleur pasteur qui soit. Je la dirige parce que Dieu m'y a placé. Peut-être qu'il y a des personnes qui feraient de meilleurs pasteurs que moi, mais c'est moi que Dieu a établi et non elles.

David était roi parce que Dieu l'avait fait roi. Il n'était pas roi parce qu'il était la personne la plus qualifiée pour l'être. Parfois, l'assistant peut même paraître plus doué que le chef pour certaines choses. Mais ne commettez pas l'erreur de lutter contre l'ordre que Dieu a établi. Vous n'y arriverez pas ! C'est Dieu qui établit et c'est lui qui déplace, si l'envie lui en prend. Vous ne pouvez pas déplacer ce que Dieu a établi.

Et DIEU A ÉTABLI dans l'Église premièrement…

1 Corinthiens 12 : 28

7) Un responsable qui est prêt à attaquer son propre père ou aîné dans le ministère

Faites attention aux personnes qui quittent les églises où elles ont grandi pour venir à vous. Marquez-les quand elles disent toutes sortes de choses négatives au sujet de leurs anciens pasteurs et pères dans le Seigneur. Souvenez-vous qu'Absalom était prêt à attaquer son propre père.

> **Voici, mon fils (Absalom), ...en veut à ma vie ;**
> **2 Samuel 16 : 11**

Une telle personne est dangereuse ! Ne l'admettez pas au sein de votre église en pensant qu'elle sera loyale envers vous. Souvenez-vous qu'Absalom pensait à attaquer son propre père. Il chassa son propre père de la ville. Ne vous liez jamais d'amitié avec quelqu'un qui attaque son propre pasteur.

J'ai écouté des pasteurs dire toutes sortes de choses négatives sur leurs pasteurs principaux. Peut-être croyaient-ils s'attirer ma sympathie, mais plus ils en disaient, plus je trouvais qu'ils ressemblaient à Absalom et étaient des traîtres. C'est pourquoi, il est pratiquement impossible de devenir pasteur dans mon organisation si vous n'avez pas grandi en son sein.

8) **Un responsable blessé qui ne s'est jamais remis de ses blessures**

J'observe attentivement les personnes qui ont été blessées par une personne ou une autre. Au cours de la vie d'une église, beaucoup de choses peuvent arriver, qui peuvent être à l'origine de blessures ou provoquer des offenses. J'ai découvert qu'il y a deux types de personnes. Celles qui se remettent des offenses qu'elles subissent et continuent à vivre leur vie, et celles qui ont l'air de garder en elle un reste de rancune. Observez ces personnes. Ce sont des déserteurs potentiels.

Beaucoup de rebelles portent des blessures en eux

Presque tous les traîtres ont été blessés à un moment ou un autre leur vie. Il suffit de fouiller dans le passé des anarchistes pour le voir. Vous découvrirez qu'ils ont été blessés par quelque chose qui a été dit ou fait auparavant. Souvenez-vous de comment Absalom était furieux contre son frère Amnon, parce que ce dernier avait violé sa sœur Tamar.

Absalom ne parla ni en bien ni en mal avec Amnon ; mais il le prit en haine, parce qu'il avait déshonoré Tamar, sa sœur.

2 Samuel 13 : 22

Deux ans après cet événement, Absalom frappa ! La blessure profondément enfouie porta finalement des fruits. Toutes les blessures profondément enfouies finissent un jour par porter le fruit de la mutinerie.

9) Un responsable qui n'est pas prêt à être formé ou reformé dans le ministère

Prenez note des personnes qui disent des choses du genre : « J'étais dirigeant avant de venir dans votre église. » « J'ai été dirigeant pendant des années dans telle ou telle église. » Ce qu'elles entendent par là, c'est : « J'ai déjà été formé et votre programme de formation ne me sert à rien. » Ne vous y trompez pas, cher pasteur. Une personne qui a grandi dans une autre église a besoin d'être formée pour pouvoir répondre à vos besoins. Ne laissez pas une personne arrivant d'une autre église introduire chez vous un esprit ou une philosophie qui n'est pas la vôtre.

Êtes-vous une vieille branche ?

Il existe deux sortes de branches : les jeunes et les vieilles. Quand une branche est jeune, elle peut être pliée. Quand elle est vieille, elle ne peut plus être pliée. N'essayez pas de plier une vieille branche. Autrement dit, n'essayez pas d'apprendre à un vieux singe à faire la grimace. Qu'est-ce que j'entends par là ?

J'ai renoncé à essayer de reformer les gentilles personnes venues d'autres églises. Paul forma Timothée et lui dit exactement ce qu'il fallait faire. Il lui dit quoi prêcher et comment prendre soin des brebis. Il l'appela mon fils Timothée. Apparemment, Timothée était prêt à être formé et reformé.

...ô Timothée, garde le dépôt...

1 Timothée 6 : 20

10) Un responsable qui n'est pas prêt à faire les petites besognes

Quelqu'un qui n'est pas prêt à accomplir les petites tâches risque d'être trop supérieur pour le vrai ministère. Les disciples accomplissaient les petites tâches. Ils étaient placeurs, serveurs, garçons de courses, éboueurs. **Sans aucune honte, ils ramassaient des miettes de pain et des arêtes de poisson devant des milliers de personnes et en remplissaient des paniers.** On les envoyait faire des courses, acheter de la nourriture et transmettre des messages simples. Je prends très au sérieux les individus qui se trouvent trop importants pour accomplir certaines tâches.

Les prétentieux

Au fil des années, j'ai vu certaines personnes de mon ministère refuser d'accomplir les petites tâches. Il est rare que ces personnes aillent loin dans le ministère. Je corrige les pasteurs qui me paraissent trop crispés ou supérieurs pour accomplir des tâches terre à terre. Jésus nous a appris qu'il est nécessaire que les dirigeants mettent la main à la pâte.

...je suis au milieu de vous comme celui qui sert.
Luc 22 : 27

C'est pourquoi les étudiants de mon école biblique nettoient les toilettes et font le ménage. Cela leur permet d'être moins prétentieux et de devenir des dirigeants pragmatiques.

Surveillez bien ces prétentieux. Ils n'iront pas bien loin dans le ministère du Seigneur Jésus-Christ.

...si vous ne...devenez comme les petits enfants, vous n'entrerez pas...
Matthieu 18 : 3

L'évangéliste de la cafétéria

N'oubliez jamais Philippe l'évangéliste, qu'on envoya d'abord travailler dans une cafétéria. Quand on lui demanda de régler tous les problèmes de l'église en rapport avec la nourriture, il ne répondit pas que c'était indigne de lui. Il ne mentionna même pas le fait qu'il était appelé à devenir évangéliste ! En fait, c'est parce qu'il était appelé à devenir évangéliste que Dieu lui donnait l'occasion d'être préfet de réfectoire.

Si Dieu vous a appelé à évangéliser le monde, il se peut qu'au début, vous fassiez de petites besognes. N'oubliez jamais cela !

11) Un responsable dont le foyer est sans cesse orageux

Tout le monde a des problèmes conjugaux. Tous ceux qui sont honnêtes le confirmeront. Mais prenez note des personnes qui ont sans cesse des problèmes dans leur ménage. Ces problèmes sont souvent dus à la fierté ou à un mauvais caractère. Quelqu'un qui n'est pas capable de mettre de l'ordre dans sa propre maison n'est pas recommandable pour le ministère.

> **Il faut qu'il dirige bien sa propre maison...**
>
> **1 Timothée 3 : 4**

Les mariages malheureux où l'on s'engueule beaucoup sont souvent constitués de personnes qui ne savent pas s'excuser quand elles font quelque chose de mal. Si ce trait de caractère s'étend au ministère, vos ministres entretiendront des relations tendues et malheureuses avec les paroissiens.

12) Un responsable qui s'irrite et s'énerve chaque fois que vous le corrigez

Il arrive souvent qu'un dirigeant doive corriger ses subordonnés. Quand une personne que vous corrigez s'irrite, vous devez vous poser des questions à son sujet. Un véritable étudiant ne se mettra jamais en colère et ne s'irritera jamais parce que vous l'avez corrigé. Il accueillera avec joie des reproches qui lui permettent de s'améliorer.

> **Mieux vaut un enfant pauvre et sage qu'un roi vieux et insensé qui ne sait plus écouter les avis.**
>
> **Ecclésiaste 4 : 13**

Le fait même qu'une personne s'irrite devrait vous indiquer qu'elle ne pourra pas s'intégrer dans votre organisation.

Notez que Paul ne s'irritait et ne s'énervait jamais quand Jésus le réprimandait sévèrement.

Mais Jésus, se retournant, dit à Pierre : Arrière de moi, Satan !

Matthieu 16 : 23

13) Quelqu'un qui trouve des prétextes et se justifie sans cesse

Quand une simple instruction devient tout un débat, c'est que vous avez affaire à un anarchiste potentiel. Je me souviens d'un frère qui avait utilisé à mauvais escient le matériel de l'église. Quand on lui demanda des explications, il nia. Deux semaines plus tard, on eut des preuves formelles qu'il s'était servi du matériel de l'église à mauvais escient.

Il continua à discuter

Vous n'allez pas me croire si je vous dis que malgré des preuves écrites et irréfutables, ce responsable plaida son innocence pendant plus de deux heures ! J'étais tout simplement dépassé. Souvenez-vous qu'il faut faire attention aux personnes qui ne peuvent pas reconnaître leurs erreurs. Tirons tous des leçons du cas du roi Saül qui se justifiait alors qu'il était évident qu'il avait désobéi à Dieu. Malgré des preuves indéniables, Saül insistait :

J'ai bien écouté la voix de l'Eternel...

1 Samuel 15 : 20

C'est cette obstination à nier qui poussa le Seigneur à rejeter et à remplacer Saül par le roi David. Faites attention aux responsables qui nient sans cesse avoir mal agi. On dirait qu'ils ne font jamais rien de mal. Ils n'ont jamais rien à se reprocher. Au contraire, ils s'énervent ou s'irritent quand vous paraissez mécontent de quelque chose qu'ils ont fait. Ils retournent les situations en leur faveur et vous donnent l'impression d'être un chef trop exigeant. En effet, l'entêtement se paie très cher : par le rejet.

...il te rejette aussi comme roi.

1 Samuel 15 : 23

14) Une personne qui ne tient pas ses promesses

Surveillez de près les frères qui font aux jeunes filles des promesses de mariage pour les décevoir quelques mois plus tard. Quelqu'un qui fait sans cesse des promesses qu'il ne tient pas n'est pas fiable. Ne croyez pas que son infidélité se limitera au domaine conjugal. Elle s'étendra sans aucun doute à ses collègues pasteurs.

Il ne se rétracte point, s'il fait un serment à son préjudice.

Psaume 15 : 4

L'infidélité est un trait de caractère qui se transmet à tous les domaines de la vie d'une personne. S'il est infidèle à sa bien-aimée (petite amie), il est susceptible de vous être infidèle un jour. J'ai du respect pour les gens qui disent : « Je ferai ci », et qui des années plus tard, font exactement ce qu'ils avaient dit.

Je l'ai épousée

Le 26 août 1985, j'ai dit à ma bien-aimée (maintenant ma femme) que je l'épouserai un jour. Cinq ans plus tard, je l'ai fait ! Faites attention aux personnes qui tiennent parole sur de petites choses. Elles sont susceptibles de tenir parole sur de grandes choses.

15) Un responsable en quête de reconnaissance et d'avancement

Adonija,... se laissa emporter par l'orgueil jusqu'à dire : C'est moi qui serai roi !...

1 Rois 1 : 5

Adonija était intéressé par les promotions. Bien qu'il fût prince, il voulait devenir roi. Un jour, j'ai laissé entendre à un responsable que j'avais l'intention de le nommer pasteur dans un futur proche.

Le pasteur était trop impatient

À ma grande surprise, j'appris qu'il avait demandé à un petit groupe de l'église de le désigner en disant : « Pasteur untel, on t'aime. » Il était trop impatient d'être nommé publiquement. Faites attention aux personnes en quête de promotions. Beaucoup de personnes ont des postes, mais ne font pas leur travail. Assurez-vous que vos responsables font le travail correspondant au poste qu'ils occupent.

16) Une personne que vous ne connaissez pas

Pasteurs, ne soyez pas naïf. Ne placez pas des personnes inconnues à des postes sensibles. Laissez passer un certain temps avant de permettre aux nouveaux venus de devenir dirigeants dans votre église. Un facteur inconnu est un facteur dangereux.

Un nouveau venu est un traître potentiel jusqu'à ce qu'il ait prouvé le contraire. Souvenez-vous que lorsque les disciples ont dû choisir un remplaçant pour Judas, ils ont choisi quelqu'un qui était avec eux depuis longtemps.

> **Il faut donc que, parmi ceux QUI NOUS ONT ACCOMPAGNÉS tout le temps...il y en ait un qui nous soit associé...**
>
> **Actes 1 : 21-22**

17) Un responsable que l'on n'a jamais critiqué

Quelqu'un qui n'a jamais été critiqué est souvent surpris lorsque ses supérieurs font l'objet d'une attaque. Il pense qu'il y a forcément du vrai dans la critique faite à leur endroit. Il se dit que si vous faites ce qui est juste, on ne vous critiquera jamais ! C'est une grande erreur.

Les plus jeunes n'ont pas encore été critiqués

C'est une erreur que commettent souvent les dirigeants inexpérimentés. Un responsable immature est même capable de rejoindre le camp « ennemi » s'il a l'impression que ses arguments sont suffisamment solides.

J'ai réalisé que certaines personnes, quelle que soit la manière dont vous essayez de leur faire partager vos expériences, ne peuvent tout simplement pas vous comprendre.

Un dirigeant qui est passé par le feu de la critique est différent de quelqu'un qui n'a jamais été critiqué. Quand une personne mûre se trouve face à la calomnie et la critique dans le ministère, elle gère cela d'une manière différente.

Elle comprend comment fonctionne la machine de la séduction. Une personne mûre, telle que Christ, sait que ces choses font partie du ministère.

Car IL EST NÉCESSAIRE qu'il arrive des scandales...

Matthieu 18 : 7

18) Un responsable qui ne dit pas « Amen » ou ne sourit pas quand vous prêchez

Un dirigeant loyal apprécie les sermons de son pasteur. Son soutien à son pasteur se traduit par le fait qu'il exprime constamment son approbation en disant : « Amen » à haute voix. Vous ne pouvez pas me dire que l'expression de votre visage et votre silence ne signifient rien. Votre silence signifie quelque chose et votre expression également.

Pas de commentaire pendant deux ans !

La Bible dit qu'Absalom n'a dit ni du bien, ni du mal pendant deux ans. Comment pouvez-vous ne faire aucun commentaire ni aucune remarque pendant deux années entières et après cela, m'inviter à une fête ? C'est cela qu'Absalom fit à son frère Amnon.

Qu'absalom soit resté silencieux et n'ait rien dit à son frère signifiait quelque chose. Cela signifiait qu'il y avait du meurtre dans l'air ! Parce que Dieu sait que l'expression faciale d'une personne signifie quelque chose, il a conseillé à Ezéchiel et Jérémie de ne pas être effrayés par les expressions faciales des gens.

Ne les crains point...

Jérémie 1 : 8

Un responsable qui ne sourit pas, fait des grimaces et n'a jamais rien à dire doit être surveillé.

19) Une personne qui ne prend pas de notes pendant que vous prêchez

Et il dit : ÉCRIS ; CAR CES PAROLES SONT CERTAINES ET VÉRITABLES.

Apocalypse 21 : 5

La Bible nous enseigne qu'il faut écrire ce qui est certain et vrai. Notez ceux qui ne prennent pas des notes pendant que vous enseignez. C'est un signe qu'ils croient tout savoir. Quelqu'un qui croit tout savoir ne doit pas faire partie de votre entourage. Il pourrait dire : « Je suis aussi bon que vous et vous ne pouvez rien m'apprendre de plus ! »

Monsieur « Je sais tout »

Lors d'un exposé sur la santé communautaire à l'école de médecine, j'ai retenu une leçon très importante sur comment éduquer les gens en matière de santé publique. On nous a appris que chaque fois que nous serions appelés à faire un exposé en public, il nous faudrait venir à bout de certaines personnalités présentes dans l'assistance.

L'une d'elles était monsieur je sais tout. Les monsieur je sais tout ne prennent pas de notes parce qu'ils savent tout. Une chose dont vous n'avez pas besoin parmi vos collaborateurs, ce sont les monsieur je sais tout.

L'apôtre Jean ne pouvait pas prendre soin efficacement de Diotrèphe parce que ce dernier se sentait trop supérieur (prééminence) pour que Jean puisse lui apporter quoi que ce soit. Je suis sûr que ce personnage biblique ne prenait pas la peine de prendre des notes pendant que Jean prêchait. Diotrèphe était trop supérieur pour recevoir. Jean a dit que Diotrèphe ne l'avait pas reçu.

> **...mais Diotrèphe, qui aime à être le premier parmi eux, NE NOUS REÇOIT POINT.**
>
> **3 Jean 9**

Assurément, un responsable qui ne prend pas de notes pendant que vous prêchez, il faut s'en méfier.

20) Quelqu'un qui n'est pas fidèle avec le travail d'autrui

Voyez quelle attitude ont les gens face à leurs responsabilités. S'ils prennent soin des affaires et des biens des autres, ils prendront probablement soin de votre ministère. Vous ne savez jamais comment les gens se comportent en votre absence. Mais quand vous les voyez, observez simplement la manière dont ils se comportent avec la voiture ou les biens d'autrui.

Méfiez-vous des personnes qui ne font pas attention aux choses qui ne leur appartiennent pas.

> **Et si vous n'avez pas été fidèles dans ce qui est à autrui, qui vous donnera ce qui est à vous ?**
>
> **Luc 16 : 12**

21) Un responsable qui ne verse pas la dîme et les offrandes

Quiconque se rend au restaurant avec l'intention de ne pas payer son repas est un personnage dangereux. Quelqu'un qui profite de l'église, mais qui en secret ne la soutient pas, doit être surveillé. C'est un voleur et un traître déguisé.

Contrôlez leurs dons

Il m'est impossible de vérifier que toute l'église verse la dîme et les offrandes. Mais je vérifie que les responsables de mon église versent leur dîme. Un responsable qui ne verse pas sa dîme est peut-être un traître. Voyez-vous, l'argent ne doit pas être un problème pour un responsable. La Bible nous enseigne que quelqu'un qui ne verse pas sa dîme est un voleur.

Un homme trompe-t-il Dieu ? Car vous me trompez, et vous dites... DANS LES DÎMES ET LES OFFRANDES.

Malachie 3 : 8

Je vous déclare par conséquent que tout voleur est un traître potentiel. Surveillez-le !

22) Un responsable qui n'assiste pas à certaines réunions

Il est important pour un responsable d'être présent à toutes les réunions. Prenez note de ceux qui sont constamment absents à certaines réunions. Ils ont toujours des excuses, mais notez bien qui ils sont ! Souvenez-vous que

Judas était toujours en mission ailleurs pendant que les disciples communiaient avec Christ. Souvenez-vous de Thomas qui était absent lorsque Christ apparut après sa résurrection.

L'absent devenu traître

Je suis convaincu que c'est l'absentéisme de Judas qui fit de lui un traître. Je suis également convaincu que c'est l'absence de Thomas à des réunions importantes qui fit de lui un douteur.

Thomas... n'était pas avec eux lorsque Jésus vint.

Jean 20 : 24

Très certainement, l'absence de certains responsables à certaines réunions fera qu'ils seront différents des membres loyaux de votre équipe.

Il est important d'assister à toutes les réunions importantes pour pouvoir demeurer loyal. N'ignorez pas les responsables qui semblent trop occupés pour participer aux discussions importantes. Au bout d'un moment, ils seront différents du reste de l'équipe.

23) Quelqu'un qui approuve une personne qui prend de mauvaises décisions

Il (Adonija) eut un entretien avec Joab...et ils embrassèrent son parti.

1 Rois 1 : 7

Joab approuva les idées rebelles d'Adonija. Il le fit parce qu'il était lui-même un rebelle. Il avait fait montre d'un esprit indépendant tout au long de la vie et du ministère du roi David.

Observez les choses que vos responsables admirent et auxquelles ils prennent part. Observez les choses que les membres de votre équipe approuvent.

Qu'admirent vos responsables ?

Il y a quelques années, un rebelle en herbe tint des propos favorables à l'endroit d'un autre rebelle. Il évoqua la manière dont ce pasteur dissident avait l'air de s'en sortir dans sa faction dissidente. Il se délecta du fait que ce dissident avait acquis une nouvelle voiture juste après s'être rebellé. « Il a un bon programme ! » s'exclama-t-il. Quelques mois plus tard, cette personne organisait sa propre rébellion.

24) Un responsable qui n'est pas prêt à faire des choses qu'il n'a pas choisi de faire

Un responsable doit être prêt à faire ce qu'on lui dit de faire. Si vous voulez que les autres vous obéissent, souvenez-vous que vous devez vous-même commencer par obéir aux instructions. Certaines personnes veulent s'asseoir là où elles en ont envie et faire ce qu'elles ont envie de faire. Notez ceux qui deviennent réticents parce qu'on leur demande de faire autre chose que ce qu'ils préfèrent faire.

Faites toutes choses sans... hésitations, ...

Philippiens 2 : 14

Ce verset nous demande de faire toutes choses avec joie– sans discuter, y compris les choses que nous n'avons pas envie de faire.

25) Une personne qui vous empoisonne sans cesse l'esprit en parlant des autres

Tout ce qu'on sait à propos du serpent, c'est qu'il peut nous empoisonner ! Un chrétien qui vous empoisonne l'esprit en parlant des autres est une personne dangereuse. *N'oubliez jamais que « Quiconque vous dit du mal de quelqu'un dira du mal de vous à quelqu'un »*.

Le médisant de l'hôtel

Marquez celui qui essaie de vous empoisonner l'esprit en vous parlant de personnes que vous ne connaissez même pas. Je me souviens d'un évangéliste qui était venu à Accra. Il se trouve qu'un ami à moi dirigeait l'hôtel dans lequel il était descendu. Comme mon ami faisait des allées et venues dans la chambre d'hôtel, il entendit un pasteur local dire du mal d'un autre pasteur de la ville.

Il empoisonna l'évangéliste

Alors qu'il écoutait, mon ami m'a raconté que ce pasteur empoisonnait l'esprit du célèbre évangéliste au sujet de cet autre ministre. Avant même que ce dernier n'ait eu l'occasion de se présenter, le médisant s'était mis au travail. Dans le Nouveau Testament le mot médisant est une traduction du mot grec diabolos (qui signifie diable).

...non médisantes, sobres, fidèles en toutes choses.

1 Timothée 3 : 11

Apprenez dès maintenant qu'une personne qui propage des choses négatives sur les autres est un diable. Ce n'est pas moi qui le dis, c'est la Bible. Médisant signifie diable. Un médisant est un diable.

26) Un responsable qui n'est pas prêt à épouser la philosophie, les normes, la vision, les procédures et l'esprit de la maison.

Chaque église a sa particularité. Nous croyons tous que Jésus-Christ est le fils de Dieu. Néanmoins, la philosophie, les normes, la vision et les procédures diffèrent d'une église à l'autre.

C'est ce que la Bible appelle la loi du ministère - la manière dont les choses sont faites.

Chaque église a sa loi

…car nous ne l'avons pas cherché SELON LA LOI.
1 Chroniques 15 : 13

Le nouveau venu doit être prêt à s'acclimater et à s'adapter à son nouvel environnement. Une personne qui dit souvent : « Dans mon ancienne église, on faisait les choses comme cela… » ou « Je crois que la meilleure façon de faire ceci est celle dont on le faisait dans mon ancienne église », doit être surveillée. Elle ne s'est probablement pas complètement adaptée à l'esprit de la maison. C'est la raison pour laquelle elle se réfère continuellement à son ancien lieu de ministère. Les Israélites ne s'étaient jamais adaptés à leurs nouvelles conditions de vie à Babylone. Ils n'avaient jamais épousé l'esprit de leurs nouvelles maisons. Et cela s'entendait dans leurs chants:

…nous pleurions, EN NOUS SOUVENANT de Sion.
Psaum 137 : 1

27) Une personne qui magouille pour obtenir un poste de responsable en brûlant les étapes

Tout dirigeant est censé franchir progressivement les étapes menant à un poste de responsable. Josué était le serviteur de Moïse. Elisée était le serviteur d'élie. Elisée devint le deuxième plus grand prophète après avoir servi élie pendant plusieurs années. En fait, un jour, alors que le roi était à la recherche d'un prophète, on pensa immédiatement à trouver quelqu'un qui avait servi élie.

Mais Josaphat dit : n'y a-t-il ici aucun prophète ...un des serviteurs...répondit : Il y a ici Élisée...qui versait l'eau sur les mains d'Élie.

2 Rois 3 : 11

Certaines personnes se prennent pour des responsables mâtures et chevronnés qui n'ont pas besoin de servir. Elles prennent de grands airs et manipulent les responsables inexpérimentés. Elles ont parfois des aptitudes indispensables à l'église. Sans le savoir, le pasteur peut les nommer à un poste de responsable et s'apercevoir plus tard qu'elles n'ont pas franchi les étapes normales menant à ce poste. De tels individus sont dangereux car un jour, ils peuvent essayer de magouiller pour occuper d'autres postes. Ils peuvent même chercher à vous remplacer !

28) Un responsable qui ne prend pas le temps d'échanger avec les autres membres de l'église

Si vous guidez le peuple de Dieu, vous aurez certainement envie d'échanger avec lui (le peuple) et de le connaître. Êtes-vous réellement un berger ou occupez-vous simplement un poste important ? Souvenez-vous que le mercenaire ne se soucie pas des brebis, mais le vrai berger les aime et a envie d'être près d'elles.

Êtes-vous premier ministre ou pasteur ?

Je traîne souvent à l'église après avoir prêché, pour pouvoir échanger avec ma congrégation. Je le fais en dépit du fait que je suis souvent fatigué ou épuisé. Un vrai dirigeant se comporte ainsi parce qu'il s'intéresse réellement au troupeau. Je ne crois pas au fait de s'éclipser dans une voiture avec chauffeur.

Certains pasteurs se comportent plus comme des premiers ministres que comme des bergers du troupeau de Dieu. Êtes-vous premier ministre ou berger ?

Je suis le bon berger. JE CONNAIS MES BREBIS, ET ELLES ME CONNAISSENT.

Jean 10 : 13-14

29) Un responsable marié à une Jézabel

Jézabel était une femme qui poussait son époux à faire de mauvaises choses. Un pasteur expérimenté ne doit pas seulement regarder le caractère d'un responsable, mais aussi celui de son épouse. La femme a beaucoup d'influence sur son mari. Elle peut le faire ou le défaire. Une femme de type Jézabel incitera son mari à s'approprier des choses qui ne lui appartiennent pas vraiment. Le fait que vous soyez roi ne signifie pas que toutes les terres du pays vous appartiennent. Mais Jézabel encouragea son époux à s'approprier un vignoble qui ne lui appartenait pas, celui de Naboth.

Faites attention aux épouses intéressées par les postes

Si votre assistant est marié à une Jézabel, elle le poussera à faire des choses inappropriées, sans même qu'il ne s'en rende compte. Il se retrouvera en train de tendre la main pour prendre des choses qui ne lui appartiennent pas. Beaucoup de femmes font de leurs maris des insatisfaits.

Elles suggèrent à leur mari :

« On devrait déjà avoir telle ou telle voiture. »

« Est-ce que c'est seulement le pasteur principal qui doit voyager pour se rendre à des conférences ? »

« Tu devrais déjà avoir ta propre église. »

Jézabel insinua de mauvaises pensées dans l'esprit de son mari.

Alors Jézabel, sa femme, lui dit : Est-ce bien toi maintenant qui exerces la souveraineté…Lève-toi, prends de la nourriture…

1 Rois 21 : 1

Ces inspirations « Jézabelliques » poussèrent le bon pasteur à faire des choses qu'il n'avait jamais vraiment eu l'intention de faire. Ne prenez pas seulement le responsable en considération, observez attentivement sa femme. Souvenez-vous que si le mari est la tête, la femme est le cou.

30) Une personne qui rejette toujours la faute sur les autres

Le bon dirigeant ne rejette pas ses responsabilités. En tant que dirigeant, vous devez savoir que vous êtes l'ultime responsable pour tout ce qui arrive.

Le mauvais dirigeant dit : « C'est de votre faute ! »

Je ne sais pas pourquoi certains responsables ne veulent jamais endosser aucune erreur. Nous sommes parfois tous à blâmer. Le vrai dirigeant prend la responsabilité de tout. Un jour, il s'est passé quelque chose de mauvais dans notre église. Au cours d'une réunion des pasteurs, j'ai dit que c'était ma faute. Ils étaient surpris parce qu'ils ne savaient pas en quoi ce malheureux événement me concernait.

Mais je leur ai fait remarquer que j'étais celui qu'on devait blâmer parce que c'était moi le chef de toute l'église. Quand deux mauvais dirigeants se rencontrent, ils se rejettent mutuellement les torts.

Le bon dirigeant dit : « C'est de ma faute ! »

Quand deux bons dirigeants se rencontrent, ils se battent pour prendre la responsabilité de quelque mésaventure que ce soit. Souvenez-vous de comment Adam a rejeté la faute sur sa femme. Et de comment sa femme a rejeté la faute sur le serpent. Malheureusement, le serpent n'avait personne sur qui rejeter la faute.

...La femme que tu as mise auprès de moi M'A DONNÉ...

Genèse 3 : 12

31) Un responsable qui pense qu'on dépense trop d'argent pour le chef

Souvenez-vous de Judas, qui était contre le fait d'offrir un cadeau coûteux à son pasteur, Jésus. La plupart de ceux qui aiment réellement leur pasteur pensent que rien n'est trop cher pour lui. Très souvent, un trait de déloyauté se manifeste lorsque d'autres personnes loyales commencent à apprécier le pasteur. C'est souvent la conséquence d'un sentiment de culpabilité que le responsable déloyal pourrait éprouver étant donné qu'habituellement il ne prend pas part aux témoignages de reconnaissance adressés au pasteur. Rappelez-vous les paroles de Judas le traître :

Pourquoi n'a-t-on pas vendu ce parfum trois cent deniers, pour les donner aux pauvres ?

Jean 12 : 5

Judas, comme la plupart des personnes déloyales, trouvait que c'était du gaspillage que de dépenser autant d'argent pour le pasteur.

32) Un responsable qui est trop calme, réservé ou détaché

Prenez note des personnes qui n'ont jamais rien à dire et à apporter. La Bible dit qu'Absalom n'a rien dit pendant deux ans. Après s'être tû pendant deux ans, il décida d'organiser une fête. Le silence et l'humeur maussade d'Absalom signifiaient quelque chose.

Le silence signifie quelque chose

Malheureusement, Amnon et le roi David ne virent rien d'anormal dans le comportement réservé d'Absalom. Mais son silence signifiait que quelque chose de mauvais se trâmait. Surveillez ceux dont le calme et le détachement sont inhabituels, quand vous savez que d'habitude, ils font des remarques et des apports positifs.

33) Un responsable qui est toujours en retard aux réunions

Le retard chronique à des réunions importantes peut souvent être le résultat d'une mauvaise attitude. Cette attitude peut vouloir dire : « Je sais tout ce qui sera dit à cette réunion. » « Je viendrai quand ce sera nécessaire. »

Il se pourrait qu'une telle personne travaille avec un esprit dédaigneux et arrogant. La fierté est toujours à l'origine de conflits dans les organisations.

Chasse le moqueur, et la querelle prendra fin ; les disputes et les outrages cesseront.

Proverbes 22 : 10

Le retard montre que cette personne n'a pas envie d'assister à une partie de la réunion. Elle aurait souhaité ne pas être présente. Elle ne peut donc pas supporter d'assister à toute la séance. Très souvent, l'assistant qui envoie une lettre de démission commence d'abord par arriver en retard aux réunions.

34) Un responsable qui, parce qu'il croit connaître l'esprit de l'organisation, ne prend pas la peine de poser des questions

Je me souviens d'un dirigeant à qui on avait demandé pourquoi il n'avait pas pris la peine de se renseigner au sujet d'une question importante.

Je savais ce que vous alliez dire

Il répondit : « Je savais ce que vous alliez dire, c'est pourquoi je n'ai pas pris la peine de poser la question. » « De toute façon, je sais comment vous traitez ce genre de problèmes. »

En réalité, cette personne était en train de dire : « J'ai affaire à des personnes déraisonnables qui de toute manière ne me comprendront jamais. Cela ne servait à rien que j'aille vous voir. » Quelqu'un qui vous trouve déraisonnable n'est à l'évidence pas loyal envers vous dans son cœur.

35) Un responsable qui n'a pas d'expérience pratique du ministère

Je ne vois pas comment on peut enseigner dans une école biblique sans avoir soi-même exercé dans le ministère. Le ministère du Seigneur Jésus n'est pas un ensemble de théories. C'est un dur labeur pratique et terre à terre. Une personne qui n'a jamais exercé les activités de base du ministère est un théoricien. Tout ce qu'il a à offrir, ce sont des théories sur ce qui est juste ou pas.

Il ne faut pas qu'il soit un nouveau converti...

1 Timothée 3 : 6

Une telle personne peut se retourner contre vous en raison de ses tendances théoriques. Il n'est pas étonnant que les bonnes écoles bibliques n'acceptent que des ministres chevronnés comme enseignants. On a besoin de personnes qui ont une expérience pratique des oeuvres du Seigneur Jésus, du Saint-Esprit et de la parole de Dieu. Des gens qui ont survécu aux succès, aux erreurs, aux trahisons, aux hauts et aux bas du ministère ont beaucoup plus à offrir.

Il est incroyable de voir que c'est toujours ceux qui ne font rien pour Dieu qui savent comment les choses doivent être faites !

36) Un responsable qui ne prend pas part à un effort conjoint destiné à bénir ou témoigner de la reconnaissance à un pasteur

Remarquez ceux qui ne participent pas aux projets visant à honorer leurs supérieurs. Quand cette non participation n'est pas due à un réel manque d'argent, elle traduit souvent de la déloyauté.

37) Un responsable qui n'a pas subi l'épreuve du temps

Cher ami chrétien, j'évoque dans ce dernier signe une réalité très importante. Avec le temps, beaucoup de choses importantes se révèlent. La Bible dit :

Car il y a beaucoup d'appelés, mais peu d'élus.

Matthieu 22 : 14

Avec le temps, on voit la différence entre les élus et les appelés. Seul le temps permettra de faire la différence entre les hommes et les garçons. Beaucoup de nos théories et analyses ne se vérifieront qu'avec le temps. Si vous voulez savoir si une personne sera loyale, soumettez-la à Dieu et à l'épreuve du temps.

Chapitre 6

De la bouche des traîtres

...c'est de l'abondance du cœur que la bouche parle.

Matthieu 12 : 34

Beaucoup de personnes ignorent que leurs paroles les trahissent, surtout lorsqu'elles sont dites dans un moment d'inattention.

La Bible dit également :

...on connaît l'arbre par le fruit.

Matthieu 12 : 33

La prochaine fois que vous vous tiendrez sous un grand arbre en vous demandant de quelle espèce il s'agit, cherchez simplement ses fruits. Les fruits d'un arbre révèlent sa vraie nature.

Dans ce chapitre, j'utiliserai des citations importantes que j'ai notées au fil des années. Ces dires, qui sortent de la bouche des personnes déloyales, me frappent chaque fois que je les entends.

Je me souviens du jour où j'ai entendu chacune de ces déclarations. Si la plupart sont des ouï-dire, certaines d'entre elles m'ont été adressées personnellement. **Les déclarations en disent long sur les personnalités concernées et l'état de leur cœur.**

Commençons par cette déclaration faite par le bras droit du pasteur d'une grande église.

1) **« Certains d'entre nous pourraient être pasteurs principaux. C'est juste que nous avons décidé de nous soumettre. »**

Cette déclaration vient d'un associé qui, après avoir analysé le pasteur principal pendant un certain temps, commence à s'estimer aussi capable que son supérieur. Il pense que le fait pour lui d'être en seconde ou troisième position est dû à une erreur ou un concours de circonstances malheureuses. De telles pensées surviennent lorsqu'on laisse les assistants ou les associés occuper la place du chef pendant un petit moment.

Cela arrive souvent lorsque le chef est absent pour un temps. L'associé a l'occasion de prêcher une ou deux fois et certaines personnes disent avoir été bénies. Cela pousse l'associé à croire qu'il est aussi bon, si ce n'est meilleur que son chef.

2) **« J'aimerais que vous priiez avec moi au sujet de certaines choses qui se passent au bureau - la manière dont on me traite. »**

Ce jeune homme trouvait qu'il était maltraité par l'administration de son église. Il alla en discuter avec des membres ordinaires de l'église. Il leur demanda de prier pour lui, mais en réalité, il répandait du dissentiment et de la méfiance.

C'était une manière subtile de faire partager à d'autres son insatisfaction. Il s'attirait indirectement de la sympathie et du soutien pour ce qu'il considérait comme de la maltraitance. C'est l'étape politique de la déloyauté. Après que ce pasteur eût répandu son histoire, l'église fut remplie de membres confus, qui trouvaient que les pasteurs principaux étaient déraisonnables.

Finalement, ce pasteur fit défection, laissant derrière lui un groupe malheureux, divisé et méfiant. Il fallut plus d'un an à cette église pour se remettre des mensonges qu'il avait répandus. Il fallut presque deux ans à l'église pour retrouver un environnement sain.

3) **« Il (le pasteur principal) a dévié du cours et de la vision d'origine »**

J'ai entendu l'associé d'une grande église déclarer que son pasteur avait dévié du cours principal de la Bible.

Il ne lit plus la Bible

Il affirmait que son pasteur ne lisait plus la Bible, mais étudiait plutôt des ouvrages séculiers sur le leadership.

C'était en fait une mauvaise interprétation de la vérité. Cette déclaration, qui semblait être une accusation valable, était en fait une forme de déloyauté.

Cet associé n'était tout simplement plus prêt à suivre le visionnaire dans ses nouvelles idées. Il l'avait assisté pendant des années, mais un esprit de déloyauté le faisait maintenant critiquer le moindre fait de son supérieur.

4) « Je ne viendrai pas. Je n'irai pas. Je ne serai pas transféré. »

Souvenez-vous que pendant la rébellion de Korah, Dathan et Abiram refusèrent de venir lorsque Moïse les appela.

Moïse envoya appeler Dathan et Abiram, fils d'Éliab. Mais ils dirent : NOUS NE MONTERONS PAS.

Nombres 16 : 12

Quand une personne est trop supérieure pour être envoyée, c'est qu'elle est probablement trop supérieure pour l'organisation. Vous êtes maintenant trop grand pour être « déplacé. » Quand un responsable déclare qu'il ne bougera pas, décidez de l'éloigner de vous pour toujours.

5) « Est-ce que vous-même le feriez ? »

Dans une armée, si le colonel ou le général demande aux troupes de se déplacer pour attaquer, aucun membre du peloton n'osera lui demander s'il pourrait lui-même aller à l'endroit indiqué. Personne n'osera lui demander : « Est-ce que vous risqueriez votre vie pour faire ce que vous nous demandez de faire ? » Bien que cette question soit légitime, elle traduit de l'insubordination et de l'insolence. Ces mots ne peuvent venir que du cœur d'un rebelle.

6) « Beaucoup de gens disent...Même les ouvriers et les anciens disent que... »

Cette déclaration, comme on l'a vu dans l'étape politique de la déloyauté, implique que vous ayez dit des choses négatives sur votre supérieur. Les gens se rendent compte quand vous désapprouvez votre chef ou êtes déloyal envers lui. C'est la raison pour laquelle ils peuvent vous dire des choses négatives à son sujet.

Une personne déloyale a une oreille attentive aux choses négatives que beaucoup de gens disent. Prenez note de toute personne qui vient vers vous avec ces phrases – beaucoup de gens disent...un grand nombre de personnes disent...

7) « Vous n'avez pas toujours raison. »

Je me souviens lorsqu'un pasteur m'a dit que je n'avais pas toujours raison. Sur le coup, je n'ai pas prêté attention à cette remarque. Mais en y repensant, je me suis rendu compte que personne n'est toujours dans le vrai. Personne, excepté Dieu, n'a toujours raison à 100%.

L'insurgé était en fait en train de me faire passer un autre message. Il était en train de me dire : « Comme d'habitude, tu n'en fais qu'à ta tête. Mais cette fois, tu n'as pas raison. »

Il était en train de me dire qu'il n'approuvait pas ce que je faisais. Il m'informait qu'il allait simplement en prendre son parti parce que j'avais le droit de veto. Ses yeux se remplirent de haine quand il prononça ces paroles : *vous n'avez pas toujours raison.*

8) « Vous êtes orgueilleux et difficile. Vous êtes têtu. »

Une telle personne n'admire plus les décisions de son supérieur. Elle ne leur fait plus confiance. Ce sont les paroles de quelqu'un qui critique et n'a pas confiance. Un bon dirigeant doit être ferme et fort. **Quand une personne est remplie de déloyauté, elle voit dans la force et la fermeté, de l'entêtement et de la fierté.**

Si vous regardez votre supérieur avec des yeux d'amour, vous verrez quel grand être il est. Mais si vous le regardez avec les yeux de la rébellion, vous verrez le mal en lui.

9) Quelqu'un a dit à un de mes collègues pasteur « Pasteur, il y a beaucoup de peur dans l'église. Mais j'aimerais que vous sachiez que je n'ai pas peur de vous.»

Cette personne était habitée par un esprit de défi. Ce qu'elle était en train de dire était : « Le cas échéant, je vous combattrai parce que je n'ai pas peur de vous. »

10) Une paroissienne a dit à un ami pasteur après le culte : « Vous me rappelez mon père. Il est tellement imbu de lui-même. »

Cette personne était en train de dire à son pasteur que son assurance traduisait de la fierté et l'arrogance. Quand une paroissienne dit à un pasteur : « Vous êtes arrogant et fier » , elle n'est pas en train de l'admirer, mais de le rabaisser. Son cœur n'est pas rempli d'engagement, mais de venin. Pasteur, vous êtes imbu de vous-même.

11) Un pasteur associé a dit à propos de son pasteur principal : « Quand il est absent, l'église grandit et un plus grand nombre de personnes assiste aux cultes. »

Ce pasteur associé disait en d'autres termes que la présence du pasteur principal était indésirable, et que les membres de la congrégation n'aimaient pas ce que ce dernier apportait. Une personne loyale ne parlera jamais de son supérieur en ces termes.

12) Un jour j'ai demandé à un pasteur associé : « Comment va votre pasteur principal ? »

Il a répondu : « Je ne sais pas où il est. »

Puis, j'ai demandé : « Comment ça se fait ? Vous ne le voyez pas régulièrement ? »

Il a répondu : « **Pas du tout. Ce oui maître, oui maître, oui maître, ne peut pas durer éternellement.** »

En disant cela, ce pasteur associé était en train de ridiculiser la relation magnifique et ordonnée entre chef et subordonné. Il la décrivait comme une relation rabaissante de maître à esclave. Inutile de vous dire que peu de temps après, cet associé s'avéra être un séparatiste ingrat.

13) **« Je ne vois pas pourquoi tout le monde fait autant de tapage autour de ce pasteur dissident ! »**

En faisant cette remarque, ce pasteur approuvait indirectement la rébellion et les divisions à l'église. Pas étonnant qu'avec le temps, il soit devenu un rebelle.

14) **J'ai demandé à un pasteur : « Comment s'est passée la visite de votre pasteur principal en ville ? Ça a été ? »**

« Oh oui, c'était bien. On a passé de bons moments. Mais vous connaissez notre homme, il aime les restaurants chinois coûteux. »

Là encore, un pasteur fait des remarques sarcastiques et critiques au sujet de son supérieur. Elles peuvent paraître banales, mais sont remplies de mépris.

15) **Un pasteur assistant déloyal a dit à son chef un jour : « Vous n'avez pas idée de ce que les gens disent à votre sujet. Vous ne savez pas ce que je suis obligé de leur dire. »**

En disant cela, ce pasteur déloyal vous fait savoir que le nombre de personnes qui vous soutiennent dans l'église est en déclin. Il vous informe qu'il est obligé d'apaiser les esprits mécontents au sein de la congrégation. Il vous informe que vous êtes impopulaire et pas aussi génial que vous pourriez le croire.

16) « J'admire votre manière de diriger. Dans notre église, notre homme (le pasteur en chef) ne nous donne pas beaucoup d'opportunités. »

En faisant une telle remarque, le pasteur exprime son mécontentement envers l'église à laquelle il appartient. En le disant aussi ouvertement, il montre qu'il n'est ni loyal, ni protecteur envers sa maison. Il se met à exposer les insuffisances et les faiblesses de son église.

Chapitre 7

L'assistant loyal

L e ministre assistant est celui qui occupe l'un des postes suivants : pasteur associé, pasteur assistant ou adjoint, conducteur de l'adoration, pasteur de département, pasteur des jeunes, pasteur de branche, ministre de la musique, etc.

Les responsabilités d'un ministre assistant peuvent paraître évidentes. Il peut même sembler superflu d'écrire au sujet des attributions d'un ministre assistant. Mais je me suis rendu compte que le ministre assistant est une des personnes les plus importantes de l'équipe ministérielle. Il peut faire ou défaire le ministère par ses agissements, ses paroles ou même son attitude.

L'expérience m'a appris qu'il vaut mieux ne pas avoir d'assistant du tout, plutôt qu'un mauvais assistant. Il vaut mieux ne pas avoir de branche du tout, plutôt qu'une branche dirigée par un mauvais pasteur.

Le bon ambassadeur

Le bon ministre assistant peut être comparé à un bon ambassadeur. Il n'exprime pas ses propres idées et visions, mais celles de son pays d'origine (ministre principal).

Le bon ministre assistant peut aussi être comparé à une bonne épouse. **Non seulement il doit obéir aux ordres, mais en plus il doit sincèrement soutenir et suivre le chef ou le pasteur principal.** Il ne doit pas être une personne indépendante et difficile à contrôler.

Si vous n'êtes pas fidèle avec le ministère d'autrui, n'espérez jamais avoir quelque chose à vous.

Et si vous n'avez pas été fidèles dans ce qui est à autrui, qui vous donnera ce qui est à vous ?

Luc 16 : 12

Il y a une prolifération d'associés de type Absalom, Adonija, Achitophel, Schimeï, Joab, Judas et Lucifer dans l'église. Ce sont les grands rebelles de la Bible. Tout ministre expérimenté aura eu droit à sa part de ces personnalités. Je suis contre ces personnes et j'enseigne contre ces personnalités. Décidez que vous ne serez jamais un rebelle.

Il n'est pas facile d'être chef

Il n'est pas facile d'être chef de quoi que ce soit. Toutes les responsabilités vous incombent. C'est toujours vous qu'on blâme pour tout ce qui ne va pas, parce que c'est vous le chef suprême. Dans un certain sens, il est plus facile d'être assistant que chef. Mais dans l'autre, il est difficile de toujours se soumettre, suivre et soutenir.

Il faut être appelé pour être assistant

Je pense qu'être un bon associé est un don ou une vocation. Si Dieu ne vous a pas appelé à occuper une fonction de dirigeant assistant, ne vous lancez pas dans une tâche frustrante et difficile. Décidez dès le départ d'être indépendant. Si vous êtes le chef, assurez-vous que vous avez des associés loyaux. Quiconque est censé être chef, mais occupe la fonction d'assistant, fera un mauvais assistant.

Je vais vous donner quelques leçons qui vous aideront à fonctionner comme assistant. Si vous avez décidé d'être assistant, soyez-en un bon ! Je suis convaincu que ce sont là des instructions perspicaces et importantes.

Vingt-neuf maniéres de devenir un bon assistant

1) Mentionnez souvent votre pasteur principal et présentez-le sous un jour favorable.

Faites-le chaque fois que vous parlez, prêchez ou conseillez.

2) Citez votre supérieur autant que possible.

Comme je l'ai dit plus tôt, vous êtes en fait un ambassadeur chargé de le représenter. Jésus est censé être la personne la plus importante de l'église, pas le pasteur. Il est le seul à devoir être magnifié. Il a dit:

> **...quand j'aurai été élevé de la terre, j'attirerai tous les hommes à moi.**
>
> **Jean 12 : 32**

Cependant, vous devez avoir un certain degré de respect et d'admiration pour votre chef. N'utilisez pas votre pasteur pour illustrer un mauvais exemple. Vous devez parler de votre chef comme de quelqu'un que vous admirez et suivez. Dans toute institution, une personne en particulier doit être plus importante que les autres : le chef.

Tout ce qui a deux têtes est une bête

S'il y a plus d'une personne importante dans l'église, vous vous retrouverez dans une situation à deux têtes – un monstre. Mentionnez le fait que ce que vous faites, vous le faites au nom du chef. Cela montre clairement qu'il n y a pas deux chefs, mais un seul.

3) Admirez sincèrement votre pasteur et chantez souvent ses louanges.

Si vous ne l'admirez pas, commencez par ne pas travailler avec lui ! Si vous êtes un bon assistant, vous verrez la sagesse des décisions de votre chef. Vous admirerez la manière dont il prêche et les révélations qu'il fait. Le mauvais assistant n'a que du mépris pour tout ce que fait son chef.

J'ai appris il y a quelques temps qu'on reçoit mieux des personnes que l'on admire. C'est un secret permettant d'acquérir l'onction. Si vous admirez d'autres personnes et n'éprouvez aucune admiration pour votre propre chef, je vous informe en toute humilité que vous vous trouvez au mauvais endroit.

4) Présentez votre pasteur sous un jour attrayant et faites des remarques positives et élogieuses au sujet de tout ce qu'il prêche.

Faites des remarques du genre : « J'ai vraiment été béni par le message d'aujourd'hui », ou « Ce message tombe à pic. » L'associé sincère fait de nombreux et sincères éloges au sujet du sermon de son pasteur. Quand l'associé fait de telles remarques ouvertement, l'église entière apprécie encore plus le message de son pasteur !

5) Annoncez la visite ou l'arrivée de votre pasteur avec excitation.

Quand on aime quelqu'un, on est excité de le voir. Le bon associé annonce avec joie l'arrivée de son chef et le présente avec fierté. Le fait que vous ne soyez pas content de voir votre chef signifie assurément que quelque chose ne tourne pas rond.

Ne le laissez pas entrer !

Je me souviens d'une église qui avait un pasteur rebelle. Lorsque le principal dirigeant de l'église vint visiter l'église, le pasteur donna l'ordre aux placeurs de ne pas le laisser entrer dans le bâtiment. Vous rendez-vous compte ? On empêchait le principal dirigeant de l'église d'entrer physiquement dans l'église qu'il avait fondée. Une personne rebelle n'est pas heureuse de voir son pasteur. Mais une personne loyale accueille son père avec joie.

6) Ne devenez pas un bureau des pleurs.

Faites savoir aux gens que s'ils veulent grommeler et critiquer, ils ont frappé à la mauvaise porte. Si votre bureau est un centre de discussion des manquements de votre pasteur, c'est que sans aucun doute, un autre Absalom est en préparation ! Il faut un certain mauvais esprit pour que les gens aient assez d'assurance pour vous porter toutes leurs accusations. L'unité commence avec le pasteur principal associé le plus haut placé. S'il est loyal, les autres suivront.

7) Vous devez trouver de vraies excuses pour toutes les défaillances du chef.

Tout le monde fait des erreurs, et personne n'a toujours raison. Alors, votre supérieur aura droit à sa juste part d'erreurs.

Il est du devoir du bon assistant de défendre et de protéger le ministère en développement de son pasteur.

Par exemple, si le chef est en retard à une importante cérémonie officielle, le bon assistant doit être capable de trouver une explication valable à sa défaillance. Vous devez souligner le fait qu'il a dû être retenu par quelque chose.

Il est toujours en retard

Si vous faites des remarques sarcastiques du genre : « Il est toujours en retard de toute manière » ou « Il est probablement en train de dormir, comme d'habitude », vous présentez votre pasteur sous un mauvais jour. Et c'est un signe de déloyauté !

8) Chaque fois que votre pasteur ne peut pas assister à une cérémonie officielle, vous devez informer les parties concernées qu'il aurait voulu être là en personne, mais n'a pas pu le faire pour des raisons importantes.

Vous devez donner l'impression que votre chef est quelqu'un de bien, qui a été retenu par des problèmes réels et urgents. Ne dites pas : « Oh, je ne sais pas pourquoi il n'est pas venu vous rendre visite à l'hôpital. Il était couché lorsque je lui ai parlé pour la dernière fois. »

9) Rappelez toujours à la congrégation que vous n'êtes pas le pasteur principal.

Quand les gens chantent vos louanges et sont très impressionnées par votre ministère, vous devez pouvoir leur dire en toute joie qu'il y a quelqu'un au-dessus de vous. Voyez ce que fit Jean-Baptiste lorsque les gens furent enthousiasmés par son ministère. Il dit :

Je ne suis PAS le Christ, mais j'ai été envoyé...

Jean 3 : 28

Si vous ne voulez pas que les gens sachent qu'il y a quelqu'un de plus grand que vous, c'est qu'à coup sûr, il y a quelque chose qui ne vas pas avec votre loyauté.

10) Le bon assistant dit à sa congrégation admirative d'où lui provient tout son savoir.

Jésus disait souvent :

...le Fils ne peut rien faire de lui-même, il ne fait que ce qu'il voit faire au Père...

Jean 5 : 19

11) Quand vous prêchez les membres de l'église, faites-leur savoir que ce que vous faites, vous le faites au nom de votre chef, pas en votre nom.

Quand on dit : « Au nom de Jésus », cela permet aux gens de savoir que nous agissons au nom de Jésus, notre chef.

Par exemple, tous les ministres de la terre représentent Christ. Nous ne venons pas en notre propre nom. Nous venons au nom de Jésus.

12) Réjouissez-vous sincèrement de la promotion de votre pasteur.

Ne pensez pas secrètement qu'il ne mérite pas la célébrité et la popularité qu'il acquiert. Notez ce qu'a dit Jean-Baptiste lorsque la popularité de Jésus lui fut attribuée : « Voici...tous vont à lui. » Notez également la réponse classique du bon assistant :

Il faut qu'il croisse, et que je diminue.

Jean 3 : 30

Le mauvais assistant s'inquiète du fait que son pasteur soit promu. Il a l'impression d'être laissé en arrière et que tout le monde verra qu'il y a un écart trop important entre lui et le chef.

13) Assurez-vous que tout va bien pour le chef.

Assurez-vous que le chef a un siège et est confortablement assis. Donnez-lui votre propre siège s'il le faut. Assurez-vous qu'il est reconnu et respecté par tout le monde. C'est la responsabilité du bon assistant.

14) Réjouissez-vous sincèrement de l'arrivée et de la participation de votre pasteur en chef à toute cérémonie officielle.

Vous devez annoncer la visite de votre pasteur à votre département ou branche avec excitation. Si vous voyez sa visite ou sa participation comme une intrusion et un dérangement, c'est que vous avez un problème. Vous êtes probablement un assistant rebelle et indépendant dans votre cœur.

15) Honorez également la femme de votre pasteur. Montrez-vous plein d'égards à son endroit et offrez-lui des cadeaux.

Je prends note de toute personne qui ne respecte pas ma femme. C'est un signe important pour moi. Si vous recevez ma femme, vous m'avez reçu. De la même manière, si vous vous montrez irrespectueux envers ma femme, c'est envers moi que vous l'êtes.

Celui qui vous reçoit me reçoit...

Matthieu 10 : 40

16) Voyez dans votre association avec votre chef une occasion d'apprendre.

Décidez d'apprendre quelque chose de lui chaque jour. Le bon assistant, adjoint ou associé, apprend de son chef. Le mauvais associé voit beaucoup d'erreurs chez lui.

Deux pasteurs, deux opinions

Je me souviens d'un jour où deux pasteurs de branche étaient venus nous rendre visite à Accra. Ils assistèrent au culte dimanche matin, alors que je prêchais. Plus tard, on eut une réunion avec tous les pasteurs venus nous rendre visite.

Un des pasteurs me dit : « En vous écoutant prêcher dimanche matin, je me suis dit : 'Cet homme se répète.' Il a évoqué ces points dans le sermon de dimanche dernier. »

« Mais » ajouta-t-il, « il se trouve que j'ai parlé avec l'autre pasteur qui lui, pensait le contraire. »

Cet autre pasteur de branche avait également commenté le culte de dimanche. Il avait dit : « J'ai vraiment aimé le message de dimanche. L'évêque était très détendu et il est revenu sur les points évoqués dans le sermon de la semaine dernière. Cela permet à la congrégation de mieux comprendre le message. »

Répétition ou bon enseignement ?

Quand un pasteur trouvait que c'était de la répétition inutile, l'autre y voyait une approche efficace de l'enseignement. Ces deux pasteurs confirmèrent ce que j'avais toujours pensé. Vous pouvez prendre votre relation avec votre chef comme une expérience d'apprentissage, ou comme une mission destinée à lui trouver des défauts.

Le bon assistant apprend toujours quelque chose. Le mauvais assistant est toujours fatigué et s'ennuie toujours.

17) Achetez les cassettes de votre pasteur.

« Imprégnez-vous » de ses messages audio et vidéo. Acquérez l'onction qui repose sur sa vie par la fidélité et la loyauté.

18) Dans votre prédication, n'hésitez pas à citer votre pasteur comme un exemple de réussite.

Utilisez votre pasteur pour illustrer des choses nobles.

19) Suivez les décisions et les politiques de votre chef. Faites-le, même si vous pensez différemment.

Une seule idée peut fonctionner à la fois. Une seule stratégie peut-être appliquée à la fois. Si vous êtes l'associé, vous êtes censé vous soumettre au chef. Vous pouvez dire : « Je ne crois pas que c'est ce qu'il convient de faire, mais si c'est ce que vous avez décidé de faire, je m'en accommoderai. »

20) Le bon assistant ne crée pas de groupe de partage privé et séparé au sein de l'église sans l'autorisation ou l'approbation de son pasteur.

21) Faites de temps en temps des surprises agréables à votre pasteur.

Célébrez spontanément l'anniversaire de votre pasteur et offrez-lui des cadeaux. Cela vous rapprochera de son cœur. L'église se remplira de l'amour de Dieu.

22) Quand votre chef part en voyage, soyez à l'aéroport ou à la gare pour l'accompagner. Il est également important d'être là pour l'accueillir avec joie.

À l'occasion, vous pouvez organiser des fêtes de bienvenue. Les associés doivent se réjouir du retour du pasteur principal. Le mauvais assistant dira: « S'il s'en va, laissez-le partir. Il a une femme, je suis sûr qu'elle l'accompagnera. »

23) Pendant les séances de conseil, vous devez apprendre à assister le pasteur de façon appropriée.

Avant tout, le ministre assistant ne doit donner aucun conseil contraire à ce qui est en train d'être dit. Il ne doit pas non plus essayer de suivre un nouveau fil de pensée, qui ne servira qu'à plonger la personne conseillée dans la confusion.

N'essayez pas d'impressionner qui que ce soit par une sagesse « pompeuse ».

Contentez-vous d'insister sur ce que dit votre pasteur

Aidez simplement votre supérieur à mieux dire ce qu'il est en train de dire et insistez sur ce qu'il a déjà dit. Ne restez pas silencieux pendant les séances de conseil. Vous risquez d'apparaître comme un simple spectateur et la personne conseillée risque de se sentir mal à l'aise.

J'enseigne à mes ministres assistants à utiliser ces phrases très simples, mais très puissantes quand ils assistent leurs aînés à une séance de conseil. Ces phrases peuvent être introduites à différents intervalles de la séance de conseil.

1. Vous comprenez ce que dit le pasteur ?

2. Vous comprenez que le pasteur essaie seulement de vous aider ?

3. Le pasteur dit ça parce qu'il vous aime.

4. J'aurais voulu avoir quelqu'un pour me parler de la sorte quand je me suis retrouvé dans la même situation.

Quand vous faites de tels commentaires pendant que le pasteur principal conseille, vous donnez de l'effet à ses paroles.

24) L'assistant loyal prend des notes pendant les réunions, lorsque son pasteur principal parle ou prêche.

Vous devez vous rendre compte qu'il faut une certaine humilité pour prendre des notes pendant que quelqu'un parle. C'est pour cela que le fait de ne pas prendre de notes signifie beaucoup. Prendre des notes signifie que vous êtes en train d'apprendre quelque chose.

Il faut de l'humilité pour prendre des notes

Cela signifie qu'un aîné ou quelqu'un de plus expérimenté est en train de vous communiquer un savoir. Si l'associé principal le plus haut placé prend des notes, cela incitera les autres à faire la même chose. Tous mes pasteurs, du plus grand au plus petit, prennent des notes quand je parle.

25) L'assistant loyal offre personnellement des présents à son pasteur principal

Pourquoi offrir un présent ?

Les présents d'un homme lui élargissent la voie, et lui donnent accès auprès des grands.

Proverbes 18 : 16

Un présent signifie des tas de choses. Cela signifie que celui qui vous l'offre vous aime, vous apprécie, vous respecte et vous honore. Cela signifie aussi que l'associé vous admire, pense du bien de vous et aimerait être comme vous.

Un présent envoie également un message d'encouragement, visant à dire au chef qu'il a été une vraie bénédiction. Un présent veut également dire : « J'aimerais avoir l'onction qui repose sur vous. » Toutes ces pensées ne sont pas mauvaises et écartent (Jusqu'à un certain point) les plans traîtres.

Le chef peut n'a pas nécessairement besoin du présent. Celui qui offre le présent en a problablement davantage besoin ! Mais lorsqu'une personne vous offre un cadeau, elle vous transmet des tas de messages.

26) L'assistant loyal protège son pasteur principal. Il est prêt à le protéger de tout problème susceptible de surgir suite à ses erreurs.

Tout le monde peut faire des erreurs. Je peux vous assurer que tout pasteur principal fera plusieurs erreurs au cours de son ministère. Malheur à vous si vous avez un assistant déloyal à vos côtés le jour où vous commettez un impair. L'assistant loyal est censé atténuer l'effet de vos erreurs et vous protéger.

27) Le bon assistant n'ignore pas que son pasteur est un être humain pouvant commettre des erreurs.

C'est pour cela que le bon assistant prie constamment pour son pasteur. Il s'attend au meilleur et prie que Dieu les maintienne tous sur le droit chemin. Il se voit lié au pasteur principal. Soit ils coulent ensemble, soit ils sont tous les deux sauvés. Le bon associé ne pense pas que le chef est infaillible. Il sait que son pasteur peut faire et fait des erreurs. C'est pourquoi il prie autant pour lui.

28) Le bon assistant donne des conseils sages à son pasteur en chef. Il ne l'inonde pas de louanges mensongères et flatteuses.

Le bon assistant sait qu'il est très proche de son chef. Il sait que son apport peut être de la plus haute importance. Il connaît les effets dévastateurs que pourraient avoir le fait de flatter et de conduire son pasteur principal sur le mauvais chemin.

29) Le bon associé est content d'être assistant

Le bon associé se réjouit de la place qu'il occupe. Les pasteurs doivent rechercher l'esprit de satisfaction chez leurs assistants. L'associé satisfait ne convoite pas le poste de son pasteur, ou quoi que ce soit qui lui appartienne.

Tu ne convoiteras point ...aucune chose qui appartienne à ton prochain.

Exode 20 : 17

Chapitre 8

L'assistant déloyal

Il est souvent difficile de détecter un mauvais assistant. La Bible nous enseigne qu'il faut marquer ceux qui causent les divisions.

Pour déceler un comportement déloyal chez un ministre assistant ou associé, le pasteur principal doit guetter les signes qui vont suivre.

Les ministres assistants ou dirigeants de branches honnêtes qui identifient un de ces traits de caractère peuvent aussi s'auto-examiner. Prenez note chaque fois qu'un pasteur assistant manifeste l'une des caractéristiques suivantes.

Vingt caractéristiques des assistants déloyaux

1) Quand les choses vont mal, l'assistant déloyal s'empresse de dire : « J'ai toujours su que ça ne marcherait pas ! »

Cela s'explique par le fait que dès le départ, il n'était pas entièrement d'accord avec l'idée. Par conséquent, il est heureux de voir que quelque chose n'a pas marché. Tout assistant qui se réjouit du fait que les choses n'aient pas marché est un mauvais assistant et doit être déplacé ou remplacé.

2) Quand vous faites une suggestion, émettez une nouvelle idée ou vision, il ne fait aucun commentaire - ni positif, ni négatif.

Le silence, surtout en temps de crise, est souvent signe de désaccord de la part de celui qui le manifeste.

3) L'assistant déloyal pense souvent : « Si j'en avais l'opportunité, je ferais un meilleur chef ! »

Il pense souvent qu'en fait, il pourrait être le chef. Le bon assistant ne pense pas ainsi. Il est conscient de la difficulté de la tâche du chef. Il ne désire pas remplacer le chef, mais est heureux de l'assister jusqu'au bout.

4) L'assistant insatisfait est mécontent des différences entre son chef et lui, qui le rabaissent.

Un mauvais assistant veut avoir tout ce que possède son chef. Il veut avoir la même autorité, le même statut, le même revenu et la même voiture que son chef. Il ne voit pas pourquoi il devrait y avoir une différence entre eux. Il déteste que les gens voient qu'il y a une différence entre lui et son pasteur en chef.

5) Plutôt que chercher à améliorer l'image de son chef, il se préoccupe beaucoup de sa propre image.

Jean-Baptiste était un bon associé du Christ. Il a dit que Jésus devait être plus important et en vue que lui.

Il faut qu'il croisse, et que je diminue.

Jean 3 : 30

C'est cela, l'attitude d'un bon assistant. Mais le mauvais assistant s'irrite du moindre événement qui le rabaisse de quelque manière que ce soit. Il vous demande : « Pourquoi m'avez-vous parlé ainsi lorsque nous étions dehors ? » Quand vous lui donnez des instructions en public, il fait semblant de ne pas avoir entendu. Il donne au troupeau l'impression que bien qu'il soit associé, il est son propre patron.

6) L'assistant perfide est à l'affût de la moindre occasion pouvant lui permettre de prendre la place de son chef.

Ce mauvais assistant attend impatiemment toute occasion qui lui permettra de prêcher à la place de son chef. Il est impatient que ce dernier parte en voyage pour pouvoir se présenter comme étant le chef. Cela peut prendre une telle ampleur que lorsque le chef est absent, il se peut qu'il utilise son bureau et prenne des décisions qu'il n'est pas habilité à prendre. Au contraire, un bon assistant se rend constamment compte qu'il n'est pas le chef et ne peut pas occuper la place de son chef.

7) Le mauvais assistant voit toutes les fautes et les erreurs de la vie de son pasteur principal. Il y trouve rarement quelque chose de bon.

Le mauvais assistant voit surtout les erreurs dans ce que dit ou fait son chef. Il pense que le chef ne s'exprime pas bien en public. Il trouve que le chef prolonge les cultes. Il est au courant du fait que beaucoup de personnes se sentent offensées par la manière dont le chef s'adresse à elles. En d'autres termes, le mauvais assistant détient un catalogue des «péchés» de son chef. *Mais il n'en possède aucun sur les bons côtés de son chef.*

8) L'associé déloyal voit les bons côtés des ministres extérieurs mais ne dit jamais rien de bon sur son propre pasteur.

Le mauvais associé observe constamment les succès des ministres extérieurs et chante leurs louanges. En même temps, il se plaint sans cesse des manquements de son propre ministère. Le fait est que tout le monde a des fautes ! Si vous avez une attitude critique (troisième étape de la déloyauté), vous trouverez mille et une erreurs dans tout ce que fait votre chef. Cela est mis en exergue par le fait que vous voyiez et louiez ce qu'il y a de bon chez d'autres ministres.

9) L'associé subversif écoute constamment les cassettes de ministres extérieurs et apprend d'eux. Mais il n'écoute jamais celles de son propre pasteur.

Bien entendu, un associé doit toujours écouter les cassettes de son pasteur principal. Bien qu'il soit associé et prochain sur la liste, le chef reste son pasteur. La nourriture qui vient de la chaire est une bénédiction pour les pasteurs assistants également. Qu'un associé n'ait rien à apprendre de son chef est un indicateur très important. Il n'y a rien de mal à ce qu'un assistant apprenne constamment de pasteurs externes. Mais il y a quelque chose de très mal à ce que cet associé ait l'air de n'avoir jamais rien à apprendre de son propre pasteur.

10) L'associé mécontent trouve toujours que les choses devraient être faites différemment.

Quand il regarde le pasteur principal, il se dit : « Mon chef aurait dû citer un plus grand nombre de passages bibliques quand il a enseigné. » Quand il assiste aux séances de conseil, il se dit : « Il ne traite pas ce cas comme il faut. » Il observe tranquillement son chef en train de gérer les problèmes administratifs, mais pense qu'il y a une meilleure manière de faire les choses. C'est l'état d'esprit de quelqu'un de mécontent et déloyal. Ce mauvais associé n'est pas content et convaincu des aptitudes ministérielles de son chef. Je n'aimerais pas avoir un tel associé à mes côtés. Je ne saurais jamais ce qu'il pense.

11) L'associé déloyal est habitué à recevoir des plaintes et en reçoit constamment. En d'autres mots, il attire les plaintes.

Certains membres du troupeau ont l'air de trouver le chemin qui mène à ces mauvais assistants pour leur présenter toutes sortes de plaintes. Ils leur disent souvent : « Vous êtes plus accessible que le chef. » Prenez garde à ces assistants soi-disant « accessibles ». Si j'aime ma femme, je ne permettrai pas aux gens de dire du mal d'elle.

Service des plaintes

J'aime mes associés, je ne créerai jamais un environnement qui permette aux gens de dire des choses négatives à leur sujet. De la même manière, si mon associé est loyal envers moi, personne ne peut facilement lui dire du mal de moi. Ces chrétiens qui se plaignent et murmurent ne seront tout simplement pas bien reçus. Personne n'est parfait et nous commettons tous beaucoup d'erreurs.

Si vous faites partie du service des plaintes de l'église, c'est qu'il doit y avoir quelque chose qui ne va pas chez vous.

Pourquoi les gens choisissent-ils de venir vers vous quand ils veulent marmonner ou se plaindre ?

12) Ils n'applaudissent pas, ne sourient pas, ne disent pas « Amen », ne crient pas, ne rient pas lorsque le chef prêche.

Ces mauvais assistants ont l'air de « messieurs je sais tout » diplomates. Ils gardent le visage droit et l'air détaché tout au long du sermon. L'associé loyal qui soutient son chef l'encouragera certainement à prêcher, au lieu de rendre les choses encore plus difficiles.

Si vos associés sont exubérants quand d'autres ministres prêchent et gardent un visage non souriant et dur quand vous prêchez, c'est que quelque chose ne va pas.

13) L'associé déloyal ne chante pas et ne lève pas les mains pendant l'adoration. Il n'applaudit pas non plus pendant la louange.

Par leur très rigide présence, ces associés diplomates empêchent l'Esprit d'agir. Débarrassez-vous de ces personnes mécontentes qui n'ont pas vraiment envie d'être parmi vous. L'église se porte mieux sans elles.

14) L'associé déloyal ne se joint pas à l'humeur générale de la congrégation.

Quand tout le monde rit, il ne rit pas. Les bons jours, il est possible qu'il affiche un faible sourire. Quand tout le monde clame son accord, il se contente d'un bref hochement de tête. Quand tout le monde lève les deux mains, il n'en lève qu'une. Voyez-vous, il n'est tout simplement pas aussi impressionné que le reste de la congrégation.

15) Le mauvais assistant est mécontent de la richesse et des bénédictions de son pasteur principal.

Il trouve que de toute façon, il a déjà beaucoup. L'associé déloyal a le sentiment de faire le « sale boulot » tandis que son chef récolte les récompenses. Il pense dans son cœur : « les singes travaillent pendant que les babouins bouffent », comme on dit au Ghana. C'est parce qu'il a lui-même envie de ces choses.

16) L'assistant déloyal s'oppose ouvertement à son pasteur en chef.

Un associé qui s'oppose ouvertement à son chef envoie un message à toute l'église. Certains associés peuvent froncer les sourcils et afficher de la désapprobation sur leur visage. Ce qu'ils disent, c'est : « Je ne suis pas d'accord avec les décisions qui viennent d'être prises. Et je veux que tout le monde sache que je m'y oppose. »

Quand un associé se manifeste en public au lieu d'attendre un forum privé pour exprimer son avis, c'est que quelque chose ne va vraiment pas. Il défie l'autorité du chef. Une telle personne est proche du stade final de la rébellion parce qu'elle se fiche de ce que pensent les gens. Ai-je besoin de vous dire qu'il faut vous en débarrasser ?

17) L'associé déloyal trouve injustifiés les privilèges et les honneurs accordés à son chef et les considère comme du gaspillage.

Au lieu de voir certaines choses comme des privilèges nécessaires, associés à la fonction de chef, il est constamment mécontent (ouvertement ou secrètement) de toute forme de célébrité, respect ou droit dont jouit le chef. Il considère tout cela comme de la frivolité et du gaspillage de ressources. Notez que celui qui pensait ainsi pendant le ministère de Jésus était le traître, Judas.

18) L'idée de quitter l'église lui traverse constamment l'esprit.

Il est possible qu'il vienne à vous en disant qu'il ne sait pas s'il est ou non dans la volonté de Dieu. Quand d'autres reçoivent gaiement le message, il se demande s'il doit démissionner ou pas. Alors qu'il assiste aux réunions des pasteurs, il souhaite secrètement ne pas être là pour appliquer les décisions prises pendant les réunions. Identifiez ces assistants et assurez-vous de ne pas discuter avec eux de vos projets futurs.

19) L'associé mécontent ne fait pas d'effort « supplémentaire ».

Notez les personnes qui ne font pas d'efforts supplémentaires en dehors de leurs attributions. Un assistant paresseux et réticent est un responsable dangereux. Quand quelqu'un n'est pas content de ce qu'il fait, il en fait le moins possible et manque d'enthousiasme. Faites attention aux personnages apathiques qui vous entourent. Il est possible qu'ils vous aient déjà quitté dans leur cœur.

20) L'associé perfide écoute les mauvais conseils d'une femme « vide » et non spirituelle.

Une telle épouse est susceptible de susciter le mécontentement dans l'esprit du pasteur assistant. Elle fait des commentaires et suggestions qui rendent le pasteur assistant mécontent du rang et de la position qu'il occupe. Cette épouse « vide » est surtout préoccupée par son confort matériel, son image et son statut dans l'église. Elle est souvent inconsciente des implications spirituelles des conseils qu'elle donne.

Le mauvais assistant est attentif aux suggestions charnelles et aux pressions de sa femme « vide ». Beaucoup de responsables loyaux dégénèrent en des êtres mécontents et mutins sous l'influence de leur femme. La Bible nous enseigne que c'est la femme du roi Achab qui le poussa à faire du mal.

...Achab...et Jézabel, sa femme, l'y excitait...
1 Rois 21 : 25

Chapitre 9

Pourquoi Judas a trahi Christ

J e me suis toujours demandé pourquoi Judas avait trahi son
maître Jésus-Christ. Il est difficile de voir pour quelle raison
Judas aurait pu trahir Jésus, car nous voyons Jésus comme le
Roi des Rois et le Seigneur des Seigneurs. Pourquoi quelqu'un
voudrait-il combattre Dieu ? Pourquoi quelqu'un voudrait-il
avoir du sang innocent sur les mains ?

Beaucoup de gens voient Judas Iscariot comme quelqu'un
de détestable. La plupart des gens refusent de nommer leurs
enfants Judas. Mais je suis convaincu que beaucoup de personnes
portaient le nom de Judas avant Jésus-Christ.

Je suis convaincu que Judas était une personne de confiance
au début. En fait, la Bible nous dit que le diable est entré en Judas
à un moment donné. Cela signifie qu'il fut une époque où Judas
n'était pas habité par le diable.

Judas : le ministre des finances de confiance

Si Judas n'était pas digne de confiance, Jésus ne lui aurait pas
confié l'argent. **La plupart des gens choisissent pour trésorier
la personne la plus digne de confiance.** Dans mon église, j'ai
choisi des gens dignes de confiance pour être trésoriers, et je suis
sûr que vous aussi, vous faites la même chose. Le ministre des
finances d'un pays doit être très proche du premier ministre.

Dans ce chapitre, j'aimerais que nous analysions ce qui a pu
pousser Judas à trahir Christ. Est-ce quelque chose qui ne pouvait
arriver qu'à Judas ou qui pourrait nous arriver à tous ?

Vous aurez un Judas

Je me souviens m'être assis un jour en compagnie d'un
ancien d'église qui a dit quelque chose qui m'a frappé ! Il a dit :
« Quel que soit votre style de direction » , « quels que soient vos
principes de direction » ;

Il a poursuivi : « Vous n'êtes pas plus grand que Jésus. Si Jésus a eu un Judas, vous en aurez également un ! »

Il a ajouté : « Quoique vous fassiez, vous connaîtrez la trahison parce que votre maître l'a connue. » Cela m'a beaucoup fait réfléchir. J'ai réalisé que ce que disait cet aîné était vrai. Toute église aura un Judas. Toute église sera touchée par le fléau des dirigeants traîtres.

> **...il est nécessaire qu'il arrive des scandales...**
> **Matthieu 18 : 7**

Il y aura par tous les moyens un Judas parmi vos dirigeants de confiance. La Bible décrit Judas comme un ami de confiance qui mange, boit et partage avec vous. La Bible dit qu'il ne s'agit pas d'un ami ordinaire, mais familier. C'est-à-dire quelqu'un de très proche.

> **Même l'ami sur qui je comptais, et qui partageait mon pain, a levé le talon sur moi.**
> **Psaume 41 : 10 (TOB)**

Cher dirigeant ou pasteur, vous ne pouvez pas échapper à cette réalité. Il est difficile de croire que quelqu'un que vous connaissez depuis des années puisse se retourner contre vous un jour.

Peut-être que jusqu'à présent vous n'avez jamais vécu cela, mais je vous assure qu'avec l'expérience, vous verrez combien la parole de Dieu est juste et vraie. Je connais très peu de ministres expérimentés qui n'ont pas connu la trahison sous une forme ou une autre.

Lequel d'entre nous sera Judas ?

La vérité que je viens juste d'évoquer a deux implications. Pour les chefs, l'implication est simple. **Anticipez la déloyauté et mettez en place un système qui ne risque pas de s'écrouler en cas de trahison.** Notez comment le ministère de Jésus s'est poursuivi de manière efficace après que Judas en soit sorti. L'implication pour les assistants, associés et disciples est effrayante, mais également très réelle. L'un d'entre nous sera un Judas. Assurez-vous seulement que ça ne soit pas vous !

...malheur à l'homme par qui le scandale arrive !

Matthieu 18 : 7

L'apôtre Paul savait qu'il était inévitable qu'il y ait des traîtres dans la congrégation. C'est pourquoi il a dit :

Je sais qu'il s'introduira parmi vous, après mon départ, des LOUPS CRUELS...

Actes 20 : 29

Ces loups cruels sont les anarchistes et les traîtres de l'église. D'autres versions bibliques les qualifient de loups sauvages, monstrueux, sans pitié, féroces et mauvais. Paul a dit qu'ils viendraient !

Je suis convaincu que beaucoup de personnes, bien que ne s'appelant pas Judas, se comporteront comme Judas dès que l'occasion se présentera. C'est juste une question de temps. Avant de commencer cette étude, j'aimerais que nous nous rappelions que Jésus pria toute la nuit avant de choisir ses douze disciples.

Notez également que les disciples étaient très proches de Jésus. Ils voyageaient ensemble. Ils parlaient ensemble et vivaient ensemble.

Comment quelqu'un d'aussi mauvais a pu se trouver au milieu d'une telle fraternité ? Les raisons que je vais évoquer, bien que théoriques, sont très réelles. Je pense qu'elles sont valables en particulier pour les personnes qui s'engagent dans le ministère à plein temps ou font carrière dans le ministère.

1. Judas était l'exception.

Tous les disciples venaient de Galilée, *mais Judas venait de Kerijoth*. **Judas était l'exception de l'équipe galiléenne.** *IL ÉTAIT L'EXCEPTION* **d'une famille galiléenne liée.** Chaque fois que vous êtes l'exception d'un groupe de personnes, cela peut vous faire voir les choses de manière différente. Si vous êtes le seul noir dans un groupe de blancs, il est possible que vous ayez toujours l'impression que leurs blagues et commentaires sont dirigés contre vous à cause de la couleur de votre peau.

Qui est l'exception ?

Si vous êtes la seule femme dans un groupe d'hommes, il est possible que vous trouviez toujours que leurs décisions sont dirigées contre les femmes. Si vous êtes la seule personne non instruite parmi un groupe de personnes instruites, le diable viendra vers vous tout le temps pour vous dire que ces personnes vous trouvent stupide.

Surveillez les personnes qui se comportent singulièrement en fonction des circonstances. Judas a probablement commencé par se trouver différent des autres. Il s'est progressivement mis à l'écart, à mesure que ces pensées grandissaient dans son esprit. Beaucoup de personnes déloyales sont des victimes de « l'exception ».

2. Judas était déçu du genre de formation qu'il suivait.

Il a d'abord cru qu'entrer dans l'équipe ministérielle lui permettrait d'avoir un statut plus élevé et lui donnerait l'occasion de prêcher. À sa grande surprise, il devint garçon de courses, serveur, placeur et éboueur.

Judas le placeur

Jésus dit : Faites-les asseoir...

Jean 6 : 10

Judas le serveur

Jésus prit les pains...et [les disciples] les distribua à ceux qui étaient assis...

Jean 6 : 11

Judas le garçon de courses

...Jésus envoya deux disciples,...

Matthieu 21 : 1

Jésus l'éboueur

...Ramassez les morceaux qui restent...

Jean 6: 12

Judas a été humilié

Il a été humilié devant des milliers de personnes, alors qu'il transportait des paniers de nourriture d'un endroit à l'autre. À un moment donné, Judas a pensé : ce n'est pas ce à quoi je m'attendais.

3. **Judas était probablement déçu par le logement modeste fourni par le bureau du ministère.**

Il pensait avoir de meilleures conditions de service. Mais en suivant Jésus, il n'avait même pas un bon appartement ou une maison en location pour vivre. En fait, il était devenu un sans-abri.

...mais le Fils de l'homme n'a pas un lieu où il puisse reposer sa tête.

Luc 9 : 58

Judas pensait : « Jésus n'a pas pris en compte certains détails administratifs importants. » Peut-être que Judas détestait habiter chez des amis et s'entasser dans les maisons des gens. Imaginez douze adultes s'entassant dans une petite maison.

Comme Jésus était à Béthanie, dans la maison de Simon le lépreux...

Marc 14 : 3

4. **Judas était déçu du mode de transport modeste fourni par le bureau du ministère.**

Judas pensait peut-être qu'en s'engageant à plein temps dans le ministère, il pourrait se payer le luxe de s'offrir un âne ou une mule (voiture). Ce ne fut pas le cas. La seule personne qui montait un âne était Jésus lui-même, et même ça, il le fit à la fin de son ministère.

...ton roi (Jésus) vient...monté sur un âne...

Matthieu 21 : 5

Quelle déception pour cet homme ambitieux ! Nombre de personnes font défection de leur emploi dans le ministère quand elles découvrent qu'elles n'ont pas de belles voitures à leur disposition comme elles l'espéraient. Le plus dur pour elles est de constater que seul le Président directeur général (le Seigneur Jésus, dans le cas de Judas) semble bénéficier de certains avantages.

5. **Peut-être que Judas n'était pas content du genre de nourriture qu'il devait manger lorsqu'il s'est engagé dans le ministère à temps plein.**

Judas s'attendait certainement à manger de la bonne nourriture coûteuse dans de grands restaurants. Judas pensait probablement qu'il vivait mieux lorsqu'il ne travaillait pas pour Christ.

Pas de restaurants chinois ?

Il s'attendait à de bons dîners dans des restaurants chinois en compagnie d'invités internationaux. Mais le pire arriva lorsqu'on lui demanda de manger les restes.

...et ils remplirent douze PANIERS AVEC LES MORCEAUX (les restes) qui restèrent...après que tous eurent mangé.

Jean 6 : 13

6. **Judas commençait peut-être à considérer Jésus comme un méchant grippe-sou incapable d'être généreux envers ses employés.**

Ce point a été mis en exergue lorsque Jésus demanda à ses disciples de ramasser les miettes. Alors que Judas transportait son panier de miettes, il a dû se dire : « C'en est assez ! Je ne peux pas supporter ce traitement de radin plus longtemps. »

...Ramassez les morceaux qui restent...

Jean 6 : 12

7. Judas n'aimait peut-être pas le fait que Jésus bénéficiât d'un traitement spécial.

Il pensait que les dépenses faites pour Jésus-Christ étaient inutiles. « Qui est ce Christ de toute manière ? », se disait-il. Pourquoi dépenser autant d'argent pour un seul homme ? Nous sommes treize dans l'équipe maintenant. Pourquoi singulariser une personne et faire autant de dépenses pour elle ? Après tout, nous avons créé ce ministère ensemble il y a quelques années. Il commença à se dire qu'il y avait un déséquilibre dans la répartition des finances de l'église.

> **...À quoi bon cette perte ?**
>
> **Matthieu 26 : 8**

8. Judas avait peut-être le sentiment que l'intensité et la direction du ministère avaient changé.

Il avait l'impression qu'on devait donner plus d'argent aux pauvres. En tant que trésorier, Judas savait comment était dépensé l'argent du ministère. Il trouvait maintenant les politiques financière et administrative de Jésus mauvaises.

> **Pourquoi n'a-t-on pas vendu...pour les donner aux pauvres ?**
>
> **Jean 12 : 5**

9. Judas avait peut-être accusé Jésus d'utiliser à mauvais escient les finances de l'église.

J'aimerais vous révéler un secret, quelque chose dont vous devez toujours vous souvenir. Quelqu'un qui accuse obstinément les autres de crimes horribles, est souvent coupable de ces mêmes crimes. Quelqu'un qui n'a jamais fait certaines choses n'accuse pas les gens avec autant de fermeté, car il ne s'imagine même pas que de tels crimes puissent être commis.

Il accusait continuellement sa femme

Je me souviens d'un homme qui accusait continuellement sa femme d'adultère. Il lui disait : « Je te connais. Tu sors avec un autre homme. » Mais elle ne faisait rien de tel. Ironiquement, lui avait de multiples aventures avec différentes femmes.

C'est Judas qui a accusé Jésus de gaspiller et d'utiliser à mauvais escient l'argent de l'église. Et c'était lui le voleur.

...il (Judas) était voleur...

Jean 12 : 6

10. Judas voulait peut-être s'enrichir rapidement.

Il pensait que son revenu était trop bas pour le travail qu'il faisait. Même si Jésus promettait que ceux qui le suivaient bénéficieraient de prêts automobile et d'allocations logement, il ne pouvait dire à quel moment ce serait.

...reçoive au centuple, présentement dans ce siècle-ci, des MAISONS...

Marc 10 : 30

Il commença alors à envisager d'autres moyens de se procurer de l'argent rapidement. Il commença à voler les offrandes.

...il (Judas) était voleur...

Jean 12 : 6

Après un moment, cela ne lui suffit plus. Il pensait qu'un seul gros coup lui permettrait de gagner le gros lot. Étant donné que les Juifs haïssaient Christ, il se dit que s'il devait le livrer, il le ferait en grandes pompes.

Judas...alla vers les principaux sacrificateurs, afin de leur livrer Jésus...ils furent dans la joie, et promirent de lui donner de l'argent.

Marc 14 : 10, 11

11. Judas était peut-être devenu trop familier avec Christ.

Il y a un adage qui dit : « Trop de familiarité engendre le mépris. » Bien que cet adage ne soit pas dans la Bible, il dit vrai. Judas avait déjà passé trois ans avec Jésus. Il avait vu Jésus heureux.

...Jésus tressaillit de joie...

Luc 10 : 21

Il avait vu Jésus pleurer

Jésus pleura.

Jean 11 : 35

Judas ne connaissait pas Christ uniquement dans ses moments de grande puissance, de miracles et d'onction. Il le connaissait dans ses moments de vulnérabilité, lorsqu'il était comme n'importe quel homme. Judas n'aurait pas tenté de tuer Christ s'il ne l'avait pas vu comme un être humain ordinaire.

Même L'AMI SUR QUI JE COMPTAIS, ...a levé le talon sur moi.

Psaume 41 : 10 (TOB)

La familiarité s'était installée alors que Judas s'adonnait à de nombreuses activités quotidiennes en compagnie de son maître. Il avait mangé en compagnie de Jésus. Il s'était rendu avec lui aux toilettes. La relation proche qu'entretenait Judas avec Jésus l'amena à croire qu'il pouvait facilement le trahir ou le tuer. Judas ne voyait pas Jésus comme Dieu, mais comme un homme. Une personne saine d'esprit n'essaiera jamais de trahir Dieu. Mais beaucoup de personnes peuvent essayer de trahir un homme.

Dès l'instant où vous commencerez à voir en votre homme de Dieu un simple être humain, vous ne recevrez plus de lui. Des mauvaises pensées de trahison pénètreront votre esprit. Les ministres doivent donc éviter de devenir trop familiers.

Même l'AMI sur qui je comptais, et qui partageait mon pain, a levé le talon sur moi.

Psaume 41 : 10 (TOB)

La congrégation doit également éviter d'être trop familière avec ses ministres. Cela est nécessaire pour réduire les tentations qu'entraîne la familiarité.

12. Judas s'était peut-être rendu compte que Jésus devait savoir qu'il était un voleur.

Nul n'ignorait (même avant que Christ soit crucifié) que Judas était un voleur.

…mais parce qu'il était voleur…

Jean 12 : 6

Le Seigneur donnait peut-être à Judas une chance de se racheter. Certaines autorités, quand elles se rendent compte que leur corruption a été découverte, décident de mettre le feu à tout leur bureau. Elles tentent ainsi de détruire tous les documents et preuves importants. Judas s'était probablement rendu compte qu'il avait été découvert et craignait d'être davantage mis au jour. Il décida d'attaquer Jésus avant que quelque chose ne lui arrive.

Beaucoup de rebelles sont coupables d'autres crimes que la rébellion. Ils planifient souvent leur rébellion de sorte qu'elle puisse couvrir d'autres fautes. Judas avait préparé sa trahison de façon à pouvoir se débarrasser de Jésus avant que ce dernier ne lui fasse honte publiquement.

Certains ministres, craignant d'être rappelés à l'ordre publiquement pour leurs méfaits, combattent l'autorité. Ils prétendent avoir de bonnes raisons d'agir de la sorte. Mais derrière les apparences, se cachent de nombreux crimes honteux.

Il m'a attaqué en premier

Je me souviens des attaques acerbes lancées contre moi et mon ministère par un ministre. En réfléchissant à tous les mensonges et histoires incroyables que ce jeune homme avait répandus à mon sujet, j'ai réalisé qu'il essayait juste de cacher sa propre honte. Comme on dit au Ghana, « attaquez-les avant qu'ils ne vous attaquent. »

13. Judas pensait peut-être que si Jésus devait vraiment mourir, il perdrait son emploi. Il devait assurer ses arrières.

Il pensait que l'avenir ne s'annonçait pas brillant. Étant donné le départ imminent de Christ, Judas échafauda un plan qui lui permettrait d'avoir assez d'argent pour monter une affaire privée.

Judas...alla vers les principaux sacrificateurs, afin de leur livrer Jésus...ils furent dans la joie, et promirent de lui donner de l'argent...

Marc 14 : 10,11

Judas croyait peut-être que trahir Christ et gagner de l'argent assurerait une stabilité financière à sa famille pendant les années suivantes.

14. Judas en savait peut-être trop sur trop de choses.

...tenant la bourse, il (Judas) prenait ce qu'on y mettait.

Jean 12 : 6

Il savait combien d'argent rentrait dans le ministère. Il connaissait l'emploi du temps de Jésus. Il savait où habitait Jésus lorsqu'il allait en voyage. Parfois, les gens sont au courant de choses qu'ils n'ont pas besoin de savoir et qui ne les aident pas. C'est parce qu'ils voient les choses sous un mauvais angle. Faites attention aux personnes chargées de compter l'argent à l'église. Beaucoup de ceux qui comptent l'argent ne paient pas les factures de l'église. Ils connaissent les revenus de l'église mais ne connaissent pas ses charges.

Je ne m'occupe pas de choses trop grandes et trop relevées pour moi.

Psaume 131 : 1

Ils ont souvent une fausse idée du genre de richesses que devrait posséder l'église. Cela peut mener à la déloyauté et la trahison.

15. Il pensait peut-être que la puissance et l'onction de Jésus-Christ diminuaient parce que Jésus parlait sans cesse de sa mort.

En général, ce sont les personnes déprimées qui parlent continuellement de la mort. Jésus-Christ a calmement prédit sa mort à plusieurs reprises.

Alors il commença à leur apprendre qu'il fallait que le Fils de l'homme souffrît beaucoup...qu'il fût mis à mort...

Marc 8 : 31

Chaque fois que Jésus évoquait la fin de son ministère, Judas devait penser : « Cet homme a cessé de combattre. Il n'est plus aussi puissant qu'il y a quelques années. »

« La première fois que j'ai rencontré cet homme, il affrontait puissamment les Pharisiens et les Saducéens. Il prêchait avec tellement de zèle. Personne ne pouvait faire face à la prédication pleine d'onction de Christ. » se souvenait-il. « Les choses ont changé. L'onction s'en est allée. »

Beaucoup de personnes observatrices mais naturelles regardent l'homme de Dieu avec un œil très critique. Elles remarquent les variations dans l'humeur et la présentation de la parole. Au bout d'une longue période, certaines personnes critiques peuvent conclure que l'homme de Dieu est en saison « basse ».

Ne vous y trompez pas

Il peut y avoir un changement réel dans l'aspect d'un ministre parce que Dieu l'a peut-être appelé à une autre étape du ministère. Cependant, ne vous y trompez pas ! Cela ne signifie pas que Dieu n'est pas avec lui.

Quand Jésus a crié : « Mon Dieu, pourquoi m'as-tu abandonné? », beaucoup de gens ont pensé qu'il était un homme ordinaire arrivé à une triste fin. S'ils avaient su que ce n'était qu'une étape dans le ministère du Seigneur Jésus-Christ ! **Judas a malheureusement mal interprété cette étape et ce changement.**

Chapitre 10

Éviter la déloyauté

Comment pouvons-nous échapper aux dangers de la trahison ? Je suis convaincu qu'un des moyens d'y échapper consiste à quitter honorablement une institution sans se rebeller - c'est ce que j'appelle une démission pieuse.

Démission pieuse

Quitter une église ou un ministère (autrement dit, démissionner) est quelque chose qui peut arriver —qu'on le veuille ou non. La plupart du temps, les gens n'essaient jamais de partir. Mais on peut démissionner pour plusieurs raisons.

Une démission est rarement pacifique

Une démission se fait rarement dans une atmosphère cordiale. Dans le cadre d'une église, une démission survient souvent suite à de l'incompréhension, des conflits, des accusations ou des blessures non cicatrisées. J'ai rarement vu un départ qui se faisait dans la paix.

Je suis convaincu que bibliquement parlant, une démission peut être nécessaire dans trois cas :

i.   Suite à une instruction très claire du Seigneur

ii.   En cas de dérive importante dans la doctrine du ministère

iii. En cas de dérive morale importante et chronique

Pourquoi est-il important de quitter un ministère souffrant d'une décadence morale ou doctrinale importante ? Parce que ce mauvais esprit risque finalement de s'attaquer à vous.

Si vous devez démissionner, on attend de vous que vous respectiez certaines règles de conduite avant, pendant et après votre démission. La manière dont vous gérez votre départ montrera à tout le monde si vous êtes un travailleur fidèle ou seulement un anarchiste de plus.

a) Donnez un préavis assez long de votre intention de quitter le ministère ou l'église. Un long préavis signifie un préavis d'au moins un an.

b) *La démission ne doit jamais arriver par surprise.* Si c'est le cas, c'est qu'il s'agit d'un acte méchant et délibéré.

c) Si vous devez démissionner, faites-le seul. *N'essayez pas de pousser d'autres ministres à partir avec vous.*

d) N'essayez pas de gagner l'affection des gens longtemps avant votre départ, en vous faisant des amis particuliers et en établissant des liens étroits avec les membres importants de l'église.

Vous risquez de laisser derrière vous un groupe de membres confus obligés de choisir entre leur relation avec vous et leur engagement envers l'église. C'est l'une des raisons pour lesquelles vous devez faire connaître votre intention de démissionner longtemps à l'avance.

e) Soyez reconnaissant à l'église dont vous vous séparez et *ne répandez pas d'histoires négatives à son sujet après votre départ.*

De celui qui rend le mal pour le bien le mal ne quittera point la maison.
Proverbes 17 : 13

f) Ne « souillez » pas les eaux dans lesquelles vous vous êtes abreuvé, en laissant derrière vous un groupe de personnes confuses.

En disant du mal de l'église que vous venez de quitter, vous risquez de souiller les eaux et d'empêcher les autres d'être formés et bénis par le ministère qui a été une bénédiction pour vous.

Est-ce trop pour vous de paître dans le bon pâturage, pour que vous fouliez de vos pieds le reste de votre pâturage ? de boire une eau limpide, pour que vous troubliez le reste avec vos pieds ?

Ezéchiel 34 : 18

En faisant cela, vous attirerez la malédiction sur vous. Il est impossible que l'église qui vous a formé soit devenue quelque chose d'aussi mauvais. **La raison pour laquelle la plupart des ministres tombent dans l'oubli après avoir quitté un grand ministère est qu'ils attirent sur eux la malédiction par la manière dont ils s'en vont.**

g) Si vous avez l'intention de créer une église, vous devez faire connaître vos intentions au pasteur principal. *Vous devez cependant décourager les autres de vous suivre.*

h) Ne créez pas d'église dans une rayon de 15 kilomètres de l'église *à laquelle vous apparteniez.*

i) Il est incorrect, mal et contraire à l'éthique d'établir une église à seulement quelques mètres de votre église-mère.

j) *Cela frise également la loi de la jungle* d'utiliser le même nom ou un nom ressemblant à celui de l'église ou du ministère que vous quittez.

La nouvelle appellation ne doit en aucune façon rappeler confusément votre récente défection. Par exemple, si l'église dont vous démissionnez s'appelle *Moisson des anges et centre de guérison international*, n'appelez pas votre nouvelle église *Salut des anges et centre de guérison international.*

k) Après votre départ, vous devez parler en bien de l'endroit d'où vous venez. Cela vous donnera une certaine crédibilité.

Le style de Jacob

Notez que Jacob démissionna du ministère de Laban de la mauvaise manière. Il partit sans que personne ne s'y attende. On s'aperçut de son absence au bout de trois jours. Jacob fut presque maudit pour avoir fait cela.

> **Et Jacob TROMPA Laban, l'Araméen, en NE L'AVERTISSANT PAS de sa fuite. Il s'enfuit, avec tout ce qui lui appartenait ; il se leva, traversa le fleuve, et se dirigea vers la montagne de Galaad. LE TROISIÈME JOUR, ON ANNONÇA À LABAN QUE JACOB S'ÉTAIT ENFUI.**
>
> **Genèse 31 : 20-22**

Sans l'intervention de Dieu, Laban aurait pu maudire Jacob (verset 29).

Le style de Moïse

Observez que contrairement à Jacob, Moïse quitta le ministère de son beau-père, Jéthro, de la bonne manière. Il avait passé quarante ans à ses côtés. Notez aussi que lorsque la question se posa quelques années plus tard, il put recevoir l'aide de Jéthro et s'entendre avec lui.

> **Moïse s'en alla ; et de retour auprès de Jéthro, son beau-père, il lui dit : Laisse-moi, je te prie, aller rejoindre mes frères qui sont en Egypte, afin que je voie s'ils sont encore vivants. Jéthro dit à Moïse : VA EN PAIX.**
>
> **Exode 4 : 18**

Moïse sortit au-devant de son beau-père…Ils s'informèrent de leur santé, et ils entrèrent dans la tente…Le lendemain, Moïse s'assit pour juger le peuple, et le peuple se tint devant lui depuis le matin.

jusqu'au soir… Maintenant écoute ma voix (celle de Jéthro) ; je vais te donner un conseil, et que Dieu soit avec toi !

Exode 18 : 7, 13, 19

La méthode employée par Moïse pour quitter son ministère dans le désert est beaucoup plus éthique. Elle fut suivie de bénédictions quelques années plus tard. Tirons-en des leçons. Ma prière est que vous relisiez ces vérités plusieurs fois. Je suis convaincu que le Seigneur vous permettra de comprendre encore mieux comment vous comporter dans son royaume.

…mais afin que tu saches, si je tarde, COMMENT IL FAUT SE CONDUIRE dans la maison de Dieu…

1 Timothée 3 : 15

Un rebelle peut-il se repentir ?

Quand une personne se comporte en traître, y a-t-il encore de l'espoir pour elle ?

Je suis convaincu que tous les traîtres ne sont pas profondément rebelles. Certains sont innocents, d'autres pas. J'aimerais relever que ce n'est pas seulement Judas qui a abandonné Jésus pendant les dernières heures de sa vie. Chaque disciple, à l'exception de Jean le bien-aimé, renia Jésus au moment le plus crucial. Peu de gens se tenaient près de la croix au plus fort de la crise : Jean le bien-aimé, Marie la mère de Jésus et Marie de Magdala. Les autres disciples étaient introuvables.

Près de la croix de Jésus se tenaient sa mère et la sœur de sa mère, Marie, femme de Clopas, et Marie de Magdala. Jésus, voyant sa mère, et auprès d'elle le disciple qu'il aimait, dit à sa mère…

Jean 19 : 25,26

Pierre jura et nia avoir jamais eu un lien quelconque avec Christ. Malgré cela, le sort de Pierre fut très différent de celui de Judas. Je suis convaincu que la désertion de Pierre ne venait pas du cœur, mais était une action irréfléchie et émotionnelle à laquelle on peut s'attendre de la part de la majorité des gens qui se trouveraient dans la même situation que lui.

Et Judas ? Se repentit-il ? La Bible dit qu'il retourna chez le sacrificateur en disant qu'il avait trahi un innocent.

Judas jeta les pièces d'argent... et alla se pendre.

Matthieu 27 : 5

Il reconnut effectivement avoir mal agi. N'est-ce pas cela la repentance ? La réponse est non, ce n'est pas cela la repentance. Je me suis toujours demandé pourquoi Judas n'était pas considéré comme un véritable repenti. La réponse est simple. **Judas reconnut ses torts, mais ne fit pas marche arrière.**

Se repentir signifie revenir en arrière et changer. Judas n'a jamais changé. Il n'a pas fait demi-tour. Il a juste admis avoir eu tort, est sorti du bateau et s'est pendu ! Il ne voulait ni voir, ni affronter qui que ce soit. Il n'a fait que s'excuser.

Il ne pouvait pas supporter de regarder en face les autres disciples et reconnaître devant eux qu'il avait eu tort. J'ai déjà vu des pasteurs reconnaître qu'ils avaient fait quelques erreurs. Mais cela n'équivaut pas à de la repentance. Rappelez-vous ce que j'ai dit plus tôt : admettre ses péchés ne signifie pas se repentir. Beaucoup de personnes, quand elles s'excusent, ont une attitude du genre : « Qu'ont-ils dit que je devais dire ? »

Elle demanda : « Qu'ont-ils dit que je devais dire ? »

Un jour deux époux eurent un différend. Le problème s'aggrava tellement que les familles durent intervenir. Après maintes discussions, on découvrit que c'était la femme qui avait tort. Le conseil des anciens demanda à la femme de s'excuser auprès de la famille et en particulier de son mari.

Elle accepta à contre-cœur et alla d'un ancien à l'autre en disant : « Je suis désolée de ce que j'ai fait. » Quand elle arriva au niveau de son mari, avec une expression ennuyée sur le visage, elle se tourna vers les autres et demanda : « Qu'ont-ils dit que je devais dire ? »

Cher lecteur, en posant cette question, elle confirmait qu'elle ne s'était pas vraiment repentie. Elle était forcée de reconnaître ses erreurs. C'est pourquoi elle demanda : « Qu'ont-ils dit que je devais dire ? » N'oubliez jamais que la vraie repentance diffère du fait de reconnaître ses péchés.

Un jour, je discutais avec un ami pasteur de comment réagir si un rebelle séparatiste revenait en disant s'être repenti de ses péchés. On était d'accord pour dire que les sept points qui vont suivre aideraient à faire la différence entre une reconnaissance forcée de ses méfaits et une repentance pieuse et sincère.

1. Avant tout, admettez et reconnaissez devant Dieu que vous avez été rebelle.

2. Demandez à Dieu de vous accorder sa miséricorde et son pardon.

3. Confessez votre rébellion à ceux contre qui vous vous êtes rebellé.

4. Dites à votre groupe de rebelles que vous vous êtes rendu compte que vous êtes un anarchiste. Expliquez-leur votre décision de vous repentir.

5. Allez à l'église contre laquelle vous vous êtes rebellé et confessez publiquement vos péchés.

6. Confessez-vous à toute autre partie présente lors de votre rébellion.

7. Ceux contre qui vous vous êtes rebellé vous pardonneront votre rébellion et vous confieront aux bénédictions de Dieu.

Chapitre 11

Le vent du Nord

Le vent du Nord chasse la pluie ; et un visage irrité chasse une langue médisante.

Proverbes 25 : 23

(Bible King James française)

Dans la nature, le vent du Nord chasse les nuages, ce qui permet d'éviter que les orages ne causent des problèmes inutiles. Nous devons chasser certains orages potentiels du milieu de nous. Beaucoup de personnes ne se rendent pas compte qu'un peu de levain fait lever toute la pâte.

Ne savez vous pas qu'un peu de levain fait lever toute la pâte ?

1 Corinthiens 5 : 6

Il suffit d'un peu de venin pour tuer un homme de six pieds (1 m 80 environ) et de 80 kg. En d'autres termes, le corps entier peut être pollué ou détruit par une goutte de poison.

Beaucoup d'hommes d'affaires ne savent pas qu'en gardant certains employés, ils détruisent leurs entreprises.

Lorsqu'une personne vous déteste, vous n'y pouvez pas grand chose. La meilleure chose à faire est de vous séparer d'elle. Il est temps de créer une culture imperméable dans votre organisation et d'en faire une organisation hostile aux moqueurs et aux personnes déloyales !

Si vous vivez dans une culture où les gens ne disent pas ce qu'ils pensent, cela est très important. Ils peuvent vous sourire tout le temps et faire des remarques plaisantes. Mais cela ne signifie rien lorsqu'en réalité, ils ne croient pas en vous.

Lorsque j'étais en Afrique du Sud, j'ai remarqué que devant beaucoup de bâtiments publics, il y avait un panneau qui disait : « Droit d'admission réservé ». Cela signifiait que la direction avait le droit d'exclure toute personne dont la présence était indésirable. Je suis convaincu que l'église a le droit d'exclure les personnes dont la présence est indésirable. Dieu est amour, et c'est une atmosphère d'amour qui doit régner dans l'église !

Toute chose ou personne qui nuit systématiquement à cette atmosphère d'amour dans l'église devrait être chassée de la même manière que le vent du Nord chasse les orages inutiles.

Ceux-ci sont des taches dans vos festins de charité...

Jude 12

(Bible KJF)

Qui sont ces « taches dans vos festins de charité » ? Quels sont ces intrus qui nuisent à l'environnement d'amour, de paix et d'harmonie chrétiens ? Lisez le verset 10 de Jude, et vous verrez vous même.

Mais ceux ci disent DU MAL DE TOUTES CES CHOSES QU'ILS NE CONNAISSENT PAS, mais se corrompent en toutes ces choses qu'ils connaissent par les sens, comme de brutes bêtes.

Malheur à eux ! car ils ont suivi le chemin de Caïn ; et ont couru avidement dans l'erreur de Balaam pour une récompense, et ont péri dans la contradiction de Coré.

CEUX CI SONT DES TACHES dans vos festins de charité... EMPORTÉS ÇÀ ET LÀ, PAR LES VENTS...

Jude 10-12

(Bible KJF)

Si ces taches dans nos festins de charité peuvent être emportées par les vents, cela montre combien elles manquent de consistance. Il est temps de laisser le vent du Nord chasser ces choses.

Le vent du Nord peut en fait être appelé le vent de l'exclusion. Laissez moi vous donner quelques exemples de personnes qui pourraient devoir être chassées par le vent du Nord de l'exclusion.

Le vent de l'exclusion

1. Les langues médisantes doivent être chassées de l'église.

Une personne médisante est une personne qui vous poignarde dans le dos. Autrement dit, elle n'a pas le courage de le faire en face. Elle doit attendre que vous ayez le dos tourné pour parler. De telles personnes sont dangereuses. Ce sont des Absalom potentiels. Lorsqu'on les découvre, elles doivent se repentir ou être chassées.

2. Les calomniateurs doivent être chassés de l'église.

Calomnie vient du mot hébreu « Lashan », qui signifie que l'on se sert de sa langue pour diffamer, injurier, offenser, rabaisser, ou noircir le caractère d'une autre personne.

Le roi David fut calomnié par beaucoup de gens. Avez vous besoin que l'on noircisse votre caractère ? Certainement pas !

Je suis oublié des coeurs comme un mort, je suis comme un vase brisé. J'apprends les mauvais propos de plusieurs, l'épouvante qui règne à l'entour, quand ils se concertent ensemble contre moi : Ils complotent de m'ôter la vie.

Psaume 31 : 12-13

Pourquoi David était il comme un vase brisé ? À cause de la calomnie. Beaucoup de ministres sont comme des vases brisés qui ne peuvent plus contenir l'onction. Si la calomnie a un si terrible effet sur les vases choisis par Dieu, cela signifie qu'il ne faut pas l'entretenir du tout !

3. Les personnes doubles doivent être chassées de l'église.

Les diacres aussi doivent être honnêtes, éloignés de la duplicité...

1 Timothée 3 : 8

4. Les personnes qui murmurent doivent être chassées de l'église.

Faites toutes choses sans murmures ni hésitations...

Philippiens 2 : 14

Les personnes qui parlent à voix basse et apportent un esprit de réticence sont dangereuses. Il est très difficile de conduire des personnes réticentes et découragées.

5. Les « critiques » maléfiques doivent être chassés de l'église.

6. Les rapporteurs doivent être chassés de l'église.

Les rapporteurs sont des personnes qui inventent des histoires et recréent les événements pour leur donner une apparence malsaine. De telles personnes séparent les amis et polluent l'environnement avec un poison malsain. Elles doivent être chassées de l'église.

Là où il n'y a pas de bois, le feu s'éteint, ainsi où il n'y a pas de rapporteurs, la querelle s'apaise. Comme du charbon est sur le brasier et du bois sur le feu, ainsi est l'homme querelleur pour attiser les querelles.

Les paroles du rapporteur sont comme des blessures, et elles descendent jusqu'au plus profond des entrailles.

Proverbes 26 : 20-22

(Bible KJF)

Notez que la Bible dit que là où il n'y a pas de rapporteur, la querelle s'apaise. En d'autres mots, si vous voulez vous débarrasser des querelles, vous devez vous débarrasser des rapporteurs.

7. Les accusateurs doivent être chassés de l'église.

La nature du diable est d'accuser. Quiconque se lève avec un esprit d'accusation représente en fait le diable. L'un des noms les plus appropriés pour le diable est « Accusateur des frères ». Dans l'église, il y a toujours des personnes qui se laissent utiliser comme agents d'accusation. Ces personnes inventent des histoires qui semblent très vraies mais ne le sont pas, et finissent par semer des semences de confusion dans l'église. Les accusateurs doivent être chassés.

8. Les menteurs doivent être chassés de l'église.

Je me souviens d'un jeune homme qui se faisait un devoir de raconter des mensonges à mon sujet. Ce jeune homme refusait de quitter l'église. Il voulait être avec nous tout en nous calomniant constamment. Un jour, un des pasteurs de l'église lui demanda simplement de partir. On dirait qu'il ne savait pas comment quitter l'église. Les gens ne se rendent pas compte que quand on n'est pas content de ce qui a trait à l'église, on doit simplement s'en aller, sans détruire l'église de Christ.

9. Les personnes qui causent des divisions doivent être chassées de l'église.

Je vous exhorte, frères, à prendre garde à ceux qui causent des divisions et des scandales, au préjudice de l'enseignement que vous avez reçu. Éloignez-vous d'eux.

Romains 16 : 17

Il est parfois important de bien examiner le parcours spirituel d'une personne. Vous découvrirez alors ce que les gens ont fait dans chaque église dans laquelle ils ont été. Chers pasteurs, ne soyez pas trop excité lorsque vous recevez un membre venu d'une autre église. Cherchez à savoir pourquoi il est parti. Les problèmes auxquels il était lié dans son ancienne église resurgiront certainement !

10. Les personnes qui suscitent des querelles doivent être chassées de l'église.

…ceux qui causent des divisions et des scandales…

Romains 16 : 17

Certaines personnes causent toujours des offenses et des querelles. Ce sont des personnes belliqueuses. Elles aiment amplifier les choses futiles et contrariantes jusqu'à ce que celles ci deviennent un axe de division. Il est important de marquer ces personnes et de les éviter.

Chapitre 12

Le bon fruit de la loyauté

…C'est bien, bon et fidèle serviteur ; tu as été fidèle en peu de chose, je te confierai beaucoup ; entre dans la joie de ton maître.

Matthieu 25 : 21

C e passage met l'accent sur deux importantes bénédictions qui suivent les personnes loyales ou fidèles. Elles reçoivent une augmentation (beaucoup de choses) du Seigneur. Alors que vous priez pour la croissance de votre église et de votre ministère, souvenez vous que la loyauté est la clé maîtresse de l'expansion. La loyauté vous amène à persévérer dans une chose jusqu'à ce qu'elle porte du fruit.

Je vous suggère d'entreprendre une petite recherche. Vous découvrirez que les grandes églises en croissance diffèrent par leur style, leur stratégie et ce sur quoi elles mettent l'accent. Certaines d'entre elles sont des églises qui gagnent des âmes, d'autres mettent l'accent sur les miracles et le Saint Esprit. Certaines méga églises sont orientées vers les services sociaux et les questions politiques. D'autres grandes églises encore mettent l'accent sur la prospérité et la domination ! Toutes ces églises diffèrent beaucoup les unes des autres dans de nombreux domaines. Toutefois, en les examinant de près, on s'aperçoit qu'elles ont un dénominateur commun.

Presque toutes les grandes églises sont dirigées par des pasteurs qui sont restés fidèles à la même église pendant longtemps. Lorsqu'un pasteur se déplace toujours au bout de quelques années, il n'expérimente pas une croissance régulière. Si vous êtes un ministre qui désire l'expansion et la croissance, vous devez être prêt à rester à un seul endroit pendant longtemps. Demandez à Dieu le privilège d'investir votre vie entière à un seul endroit.

Je suis dans le ministère pour le restant de mes jours. Mon engagement envers les personnes qui m'entourent est un engagement à vie, et vice versa. Je suis loyal envers elles et je prie qu'elles soient loyales envers moi. La bénédiction de la grandeur est réservée aux personnes fidèles et loyales.

La deuxième bénédiction qui découle de la fidélité consiste à entrer dans la joie du Seigneur. Cela signifie expérimenter la faveur de Dieu. Lorsque vous avez la faveur de Dieu, vos ennemis ne prospèrent pas.

Je connaîtrai que tu m'aimes, si mon ennemi ne triomphe pas de moi.

Psaume 41 : 11

Soyez une personne loyale afin d'avoir une grande croissance dans vos affaires ou votre ministère. Soyez une personne loyale afin de bénéficier de la faveur de Dieu dans tout ce que vous entreprenez.

Puissiez vous un jour entendre ces mots convoités : « C'est bien, bon et fidèle (loyal) serviteur... ». Puissiez vous expérimenter les bons fruits et les avantages dont bénéficie tout chrétien fidèle !